Bernd Siggelkow/Wolfgang Büscher

Deutschlands vergessene Kinder

Hoffnungsgeschichten aus der ARCHE

Über die Autoren

Bernd Siggelkow ist gelernter Kaufmann. Nachdem er einige Zeit als Vertriebsbeauftrager im Außendienst tätig war, hat er eine theologische Ausbildung bei der Heilsarmee absolviert und einige Jahre als Jugendpastor gearbeitet. Im Jahr 1995 gründete er in Berlin-Hellersdorf das christliche Kinder- und Jugendwerk „Die ARCHE". Seitdem entstanden noch mehrere Einrichtungen, z. B. in Berlin-Friedrichshain, in Hamburg und in München. Bernd Siggelkow ist verheiratet und Vater von sechs Kindern. Er erhielt für seine Arbeit den „Verdienstorden des Landes Berlin" und „Die ARCHE" selbst wurde mit der „Carl-von-Ossietzky-Medaille" durch die „Internationale Liga für Menschenrechte" gewürdigt.

Wolfgang Büscher ist Journalist. Er schrieb als Bonn-Berichterstatter für „Sonntag Aktuell" in Stuttgart und arbeitete als Medienberater für zahlreiche Unternehmen, über zehn Jahre auch für Daimler in Stuttgart. Außerdem war er als Radiomoderator tätig und viele Jahre als politischer Journalist auch Mitglied der Bundespressekonferenz. Seit Herbst 2002 lebt er in Berlin. 2004 lernte er Bernd Siggelkow kennen und wurde Pressesprecher der ARCHE. Büscher arbeitet in Berlin weiter als Medienberater mit einem eigenen Unternehmen.

Die Geschichten in diesem Buch sind alle wahr. Zum Schutz der Personen, deren Geschichten erzählt werden, wurden jedoch ihre Identitäten verwischt.

FSC
Mix
Produktgruppe aus vorbildlich bewirtschafteten Wäldern und anderen kontrollierten Herkünften
Zert.-Nr. SGS-COC-1940
www.fsc.org

Verlagsgruppe Random House FSC-DEU-0100
Das für dieses Buch verwendete FSC-zertifizierte Papier *Munken Print Cream* liefert Arctic Paper Munkedals AB, Schweden.

Best.-Nr. 816 187
ISBN Gerth Medien: 3-86591-187-2
ISBN Gütersloher Verlagshaus: 978-3-579-06777-3
1. Auflage 2007
Umschlaggestaltung: Hanni Plato
Umschlagfoto: axentis/Georg Loparta
Foto S.13: axentis/Georg Loparta
Foto S. 11: gregorowius.com
Foto S. 183: Sat.1/Andrè Kowalski
Foto S. 187: BZ/Mathias Rogmans
Fotos im Bildteil: privat; Anne Schönharting
Satz: Mirjam Kocherscheidt; Gerth Medien GmbH
Druck und Verarbeitung: GGP Media GmbH, Pößneck
Printed in Germany

Bernd Siggelkow/Wolfgang Büscher

Deutschlands vergessene Kinder

Hoffnungsgeschichten aus der ARCHE

Gerth Medien

Widmung

Ohne die Unterstützung und Mitarbeit von vielen Freunden und Gönnern wäre so eine große Aufgabe überhaupt nicht zu meistern. Hier danke ich besonders all unseren Freunden, Botschaftern, Weggefährten, Unterstützern, Mitarbeitern und Mitstreitern für diese wichtige Sache der ARCHE. Allen voran meinem Freund und Kollegen Kai Uwe Lindloff, August von Joest und dem Johanniterorden, Mirjam Müller stellvertretend für alle unsere tollen Mitarbeiter, den Mitgliedern unseres Vereins, den Sponsoren und Spendern, den Hunderten von Kindern und Jugendlichen, die täglich unsere Einrichtung besuchen und für die sich jede Minute unserer Arbeit lohnt, dem ARCHE-Freundeskreis, meiner wunderbaren Familie, die ein besonderes Geschenk Gottes ist, und natürlich meiner geliebten Frau. Ohne sie wären wir nicht sehr weit gekommen.

Mir ist die Beziehung zu meinem persönlichen Gott und seinem Sohn Jesus Christus sehr wichtig. Er ist mein Motor und mein Halt, ihm gilt mein Vertrauen und Dank.

Pastor Bernd Siggelkow

Inhalt

Stimmen zur ARCHE

„Ich kenne Pastor Siggelkow und die Arbeit der ARCHE seit einigen Jahren. Die Wall AG und ich unterstützen den Verein immer wieder, weil gerade junge Menschen unsere Hilfe brauchen.“
Hans Wall, Aufsichtsratsvorsitzender der Wall AG

„Ich unterstütze die ARCHE, weil sie beispielhafte Arbeit leistet. Wir brauchen solche Organisationen. Denn ein Land wie Deutschland darf es sich nicht erlauben, seine Zukunft zu vernachlässigen.“
Peter Alexander Wacker, Industrieller

„Jedes Kind hat ein Recht auf eine Zukunft. Pastor Bernd Siggelkow hilft dort, wo staatliche Unterstützung nicht mehr greift. Seine Berliner ARCHE ist Rettungsboot für viele Kinder, denen ein Zuhause fehlt. Täglich ein warmes Essen, Hilfe bei den Hausaufgaben und vor allem menschliche Wärme und Nähe – so erhellt der Theologe das Leben der Kinder, die sich auf der Schattenseite unserer Gesellschaft bewegen. Ein bemerkenswertes Engagement. Das verdient den höchsten Respekt!“
Johannes B. Kerner, TV-Moderator

„Die ARCHE in Marzahn-Hellersdorf ist eine wunderbare Einrichtung. Bei mehreren Besuchen konnte ich mich von der segensreichen Arbeit von Pastor Siggelkow und seinen Mitstreitern überzeugen. Vor allem können Kinder das erleben und erfahren, was das Elternhaus oftmals nicht ausreichend bietet: Liebe, Zuneigung und Vertrauen!"
Friedbert Pflüger, Vorsitzender der CDU-Fraktion im Abgeordnetenhaus von Berlin

„Kinder brauchen Bestätigung für ihr Selbstvertrauen. Sie brauchen das Gefühl, wichtig zu sein und geliebt zu werden. Daher ist die Arbeit, die die ARCHE leistet, so unglaublich wertvoll."
Marcell Jansen, Fußball-Nationalspieler

„Kinder sind auf unseren besonderen Schutz und auf unsere besondere Zuwendung angewiesen. Ich habe das Kinder- und Jugendwerk ARCHE besucht und war beeindruckt vom Engagement der dortigen Helferinnen und Helfer. Solche Einrichtungen helfen da, wo die Not am größten ist."
Klaus Wowereit, Regierender Bürgermeister von Berlin

„Die ARCHE ist ein hervorragendes Beispiel für tätige Nächstenliebe. Sie hilft Kindern, Jugendlichen und auch Eltern. Doch die Kinder finden dort viel mehr: Pastor Siggelkow und seine Mitarbeiter geben ihnen menschliche Wärme und Zuwendung. Das brauchen sie manchmal mehr als alles andere."
Angela Merkel, Bundeskanzlerin
Zitat aus „Bild am Sonntag"

Vorwort von Günther Jauch

„Denk mal an die armen Kinder!" Das war so ein Satz meiner Eltern, der mich durch die Kindheit begleitet hat. Meist ging er einher mit der Belehrung, mein Schulbrot auch aufzuessen, dankbar für die Möglichkeit des Schulbesuches zu sein und von meinem Taschengeld regelmäßig etwas in einen Kasten in der Kirche zu werfen, auf dem sich ein afrikanisches Kind huldvoll verneigte, wenn man einen Groschen durch den Schlitz steckte.

Die Aufforderung war mir eher lästig, zumal diese Armut für uns Kinder weit weg war. Kinder mit vor Hunger aufgeblähten Bäuchen in Biafra – die waren arm. Aber in unserer Nachbarschaft?

Heute berichte ich seit Jahren – z. B. in stern TV – über Gewalt in Familien, über verwahrloste und vernachlässigte Kinder. Eine Bundesfamilienministerin wollte mir nicht glauben, dass in Deutschland jede Woche zwei Kinder infolge von Verwahrlosung oder Misshandlung sterben.

„Niemand darf verloren gehen" ist dann schnell das politische Mantra. Getan wird dafür aber viel zu wenig, sonst hätte die ARCHE nicht rund um die Uhr zu tun.

Ich habe nicht nur im Fernsehen über Pastor Siggelkow und die ARCHE berichtet, sondern habe ihn auch zusammen mit meiner Frau in Hellersdorf besucht. Jedes Kind kennt er dort mit Namen. Viele von ihnen rennen auf ihn zu und springen ihm in die Arme, weil sie zu Hause niemand auffängt. Die Türen stehen offen – jedes Kind darf ihn immer besuchen. Hier wächst der Glaube, dass es keine „hoffnungslosen Fälle" gibt; der um sich schlagende Sonderschüler Peter, der jetzt gerade im Abitur steht, ist das beste Beispiel (siehe Seite 81 ff.).

In der ARCHE dürfen die Kinder Kinder sein. Zu Hause müssen sie oft schon wie kleine Erwachsene funktionieren. Sicher sind manche Eltern dieser Kinder für die katastrophalen Verhältnisse, über die dieses Buch Auskunft gibt, zuweilen mitverantwortlich. Die Kinder sind es aber ganz bestimmt nicht.

Die ARCHE zeigt aber auch, dass der Staat die Probleme immer weniger zu lösen imstande ist. Und Pastor Siggelkow selbst ist der beste Beweis, wie trotz eines lieblosen und atheistischen Elternhauses ein erfülltes Leben für andere aussehen kann.

In dieser Arbeit für die ARCHE sollten wir ihn so viel und so oft wie möglich unterstützen. Mit Engagement, Geld oder tätiger Sympathie. Für die ARCHE und damit für die Zukunft so vieler Kinder, die unserer Gesellschaft ansonsten für immer verloren zu gehen drohen.

Günther Jauch

Vorwort von Wolfgang Büscher

Dezember 2001: Es war ein kalter Winterabend in Bonn und ich saß vor dem Fernseher. Der Apparat lief, doch ich nahm das Programm kaum wahr. Zwei Wochen später wollten meine Frau und ich über Weihnachten nach Antigua. In Gedanken war ich längst dort.

Plötzlich drangen Satzfetzen in mein Bewusstsein vor – „Kinderarmut in Deutschland“, „nichts zu essen“, „Berlin“, „Verwahrlosung“, „Hoffnungsgeschichten“ – und ich wurde aus meinen Träumereien gerissen.

Innerhalb von Sekunden war ich hellwach. Irgendetwas passte da nicht. Deutschland und Kinderarmut? Diese Worte hatte ich noch nie in einem Zusammenhang gehört. Und das, obwohl ich Journalist bin und mit vielen Medien zusammenarbeite.

Ich verfolgte den Bericht im Fernsehen nun ganz aufmerksam. Zum ersten Mal sah und hörte ich von der ARCHE. Ich sah Kinder – ganz normale Kids übrigens – mit Baseballcap und Jeans, ich sah ein Gebäude – nicht unbedingt einladend – und ich sah die Kinder essen – in einer Suppenküche. „Zu Hause gab es wohl nichts“, so hörte ich die Sprecherin aus dem „Off“ sagen.

Ich saß aufrecht im Sessel. Die Bilder erschreckten mich. Ich kannte ein anderes Berlin von meinen zahlreichen Besuchen – privaten wie beruflichen. Und wir wollten einige Monate später dorthin ziehen, da mir in Bonn die Themen ausgingen.

Auf dem Bildschirm erschien ein Gesicht. Ein Mann um die 40, Brille, brave Frisur, T-Shirt und eine Kette um den Hals. „Pastor Bernd Siggelkow", las ich in der Bauchbinde – so nennen Medienleute die Untertitelung einer Person mit Namen und Angaben zum Interviewpartner. Weiter stand dort „Die ARCHE, Berlin-Hellersdorf".

Bernd Siggelkow erzählte von einer verlorenen Generation. Er sprach von unzähligen, von Zigtausend Kindern allein in Berlin, die in bitterer Armut leben würden. Deutschlandweit seien es Millionen, hörte ich ihn sagen. Das war ja unglaublich. Und ich als Journalist hatte noch nie davon gehört ...

„Gleiche Chancen für alle" – ich war stolz darauf, in einem Land zu leben, in dem das möglich war. Schließlich war die Mutter unseres damaligen Kanzlers Putzfrau. War diese Geschichte von der Kinderarmut also nur eine gut gemachte PR-Aktion? Schließlich kostet eine solche Einrichtung Geld – viel Geld. Und wann spenden die Menschen, wenn nicht an Weihnachten? Brauchte der Pastor etwa Bares?

Einige Monate später. Ich war inzwischen nach Berlin gezogen. Die Stadt „fraß mich auf" – eine Metropole, arm und sexy, wie sich der regierende Bürgermeister Klaus Wowereit gerne ausdrückt. Ich war mit mir selbst beschäftigt. Die armen, die verlorenen Kinder von Berlin hatte ich vergessen. Friedrichstraße, Regierungsviertel, Prenzlauer Berg – mir waren keine Kinder aufgefallen. Erst später merkte ich, dass das ein großes Problem ist. Bei uns im Land ist die Armut nicht immer sichtbar. Jeans und T-Shirt – das ist die Uniform aller Schichten. Darunter verstecken sich Arm und Reich. Hier gibt es keine Straßenkinder, die mit Schnüffeltüten und zerrissener Kleidung die Stadt unsicher machen. Dafür funktioniert unser System zu gut. Das würde nur die Touristen stören, die zu Hunderttausenden in die Stadt strömen.

Außerdem war ich mit anderen Dingen beschäftigt. Neben meiner Arbeit als Journalist arbeitete ich damals am Aufbau einer Popband. Die Mitglieder der Girl-Group kamen aus der Geborgenheit eines kleinen Dorfes in Hessen. Um sie auf das „harte Business“ vorzubereiten, wollte ich ihnen zeigen, dass es noch eine andere Welt außerhalb ihrer Idylle gab, dass nicht alles glänzt wie so vieles in der Welt der Musikszene. Da fiel mir der Pastor aus Hellersdorf wieder ein, der von der ARCHE. Ich surfte im Internet, fand die Telefonnummer, machte einen Termin aus und einige Tage später war ich vor Ort.

Das erste Treffen mit Pastor Siggelkow. Er sah aus wie im Fernsehen, aber etwas war anders. Da war etwas, das man auf dem Bildschirm nicht hatte sehen können: Er lebte das, was er sagte. Die Kinder riefen ständig seinen Namen. Einige der Kids nannten ihn auch Papa.

Er zeigte uns die ARCHE; dabei strahlte sein Gesicht. Die ARCHE, das ist auch für ihn ein Stück Zuhause, das konnte man spüren.

Ich hörte zum ersten Mal konkrete Zahlen. Über 2,5 Millionen Kinder in Deutschland leben in Armut. Die Familien, in denen diese Kinder leben, haben weniger als 60 Prozent des durchschnittlichen Nettoeinkommens zur Verfügung. 36 Prozent aller Kinder in Berlin leben von der Sozialhilfe. Und Bernd, so durfte ich ihn nennen, hatte es sich zur Aufgabe gemacht, diesen Kindern zu helfen. Nicht nur denen, die in die ARCHE kommen.

Er hatte sich vorgenommen, noch mehr Journalisten zu erzählen, was in dieser Stadt und in diesem Land los ist; er wollte mit Politikern sprechen, mit Unternehmern, um mit ihnen gemeinsam Lösungsansätze für die zahlreichen Probleme zu finden. Er wollte, wenn möglich, allen Menschen in unserem Land sagen: „Wir dürfen diese Kinder nicht vergessen. Sie sind unsere Zukunft. Sie können lachen und weinen. Sie haben viele Talente, nur hilft ihnen keiner, diese Talente auch zu entdecken."

An diesem Abend konnte ich nicht einschlafen. Tausende von Gedanken schwirrten mir durch den Kopf. Der „ARCHE-Virus" hatte mich erwischt. Ich hatte Mitarbeiter der ARCHE kennengelernt, die nach einem harten Arbeitstag noch bis spätnachts die Familien der Kinder besuchten, um ihnen bei deren Alltagsproblemen zu helfen. Das imponierte mir. Mein Entschluss stand fest: Ich wollte Teil dieses Ganzen werden!

In den kommenden Monaten und Jahren traf ich unzählige Kinder und deren Familien, zumeist Mütter und weitere Kinder; Väter gab es nicht. Ich besuchte diese Familien zusammen mit Journalisten aus ganz Deutschland und darüber hinaus. Anfangs wollte mir keiner meiner Kolleginnen und Kollegen so recht glauben, als ich ihnen von den Kindern der ARCHE erzählte. „Das gibt es bei uns nicht. Du spinnst." Das und Ähnliches hörte ich fast täglich. Doch immer mehr Journalisten fingen an, sich mit dem Phänomen Kinderarmut zu beschäftigen. Die ersten offiziellen Zahlen wurden bekannt gegeben. Und sie bestätigten das, was Bernd Siggelkow schon seit Jahren predigte: „Wir vergessen unsere Kinder."

Oft bekommen diese Kinder keinerlei individuelle Förderung. Die Familien können es sich nicht leisten, ihre Kinder in Sportvereine zu schicken, sie kennen keine Nachhilfe, denn die kostet Geld. Musikunterricht – daran dürfen die Kinder nicht einmal denken. Reisen – das ist für sie ein Fremdwort. Viele kennen noch nicht einmal ihre Stadt, denn auch das Geld für den öffentlichen Nahverkehr ist nicht da. Die meisten schaffen mit Ach und Krach den Hauptschulabschluss oder gehen auf sogenannte Lernbehindertenschulen. Ein böses Wort, finde ich.

Hat sich in den vergangenen Jahren was verändert? Ja, wenn auch noch nicht viel für die betroffenen Kinder. Aber man spricht und schreibt über das Thema. In den Köpfen der Menschen setzt es sich fest. Immer mehr Menschen sind bereit zu helfen. Unternehmen investieren sich in die Zukunft dieser Kinder, indem sie die ARCHE finanziell unterstützen. Immer mehr Menschen in unserem Land helfen durch kleine und größere Spenden, prominente Mitbürger setzen sich mit ihrem Namen für die ARCHE ein, um auf das Phänomen Kinderarmut aufmerksam zu machen. Doch wir stehen erst am Anfang. Bernd Siggelkow und sein Team haben weitere ARCHEN in Berlin-Friedrichshain, in Hamburg und in München eröffnet. Neue werden hinzukommen, doch auch das ist noch immer zu wenig. Es sollte in jeder Stadt eine ARCHE geben, in der die Kinder Geborgenheit und eine zweite Heimat finden.

Die ARCHE versteht sich als Ergänzung zur Familie. Sie hilft den Kindern dort, wo sie Hilfe brauchen. Die Kids brauchen keine Fragen zu beantworten, keine Verdienstbescheinigungen der Eltern oder was auch immer mitzubringen. In der ARCHE werden sie um ihrer selbst willen geliebt und aufgenommen.

Eine Aussage eines Bundespolitikers ärgert mich bis heute. Der Staatsmann sah bei seinem Besuch in der ARCHE einige Eltern der Kinder rauchend vor dem Gebäude stehen. „Würden die Eltern nicht rauchen oder trinken, hätten sie auch mehr Geld für ihre Kinder“, so der Politiker. Aber: Viele Eltern rauchen und trinken nun einmal und die Schuld dafür liegt nicht bei ihren

Kindern. Die Kinder haben sich ihre Eltern schließlich nicht ausgesucht.

Oft werde ich gefragt, warum wir in der ARCHE nicht für einige der harten Fälle sogenannte Wohngemeinschaften einrichten, in denen die Kinder gemeinsam mit den Betreuern leben. Eigentlich eine gute Idee. Als mir ein Journalist zum ersten Mal diese Frage stellte, fiel mir keine wirklich gute Antwort darauf ein. Später dann erzählte mir Bernd Siggelkow, dass er diese Idee schon vor einiger Zeit verwirklichen wollte. Doch weit über die Hälfte aller ARCHE-Kids wollte dort leben und hätte die ARCHE-WG ihrer Familie vorgezogen, und das war nicht in seinem Sinne. Spätestens zu diesem Zeitpunkt begriff ich, welchen Stellenwert die ARCHE für viele der Kinder hat.

Bernd Siggelkow ist der Vater der ARCHEN. Für viele der Kinder ist er ein Ersatzvater, der sie durch ihr Leben begleitet. Die leiblichen Väter sind weg. Irgendwo bei anderen Müttern, Frauen – für kurze Zeit, bis sie auch diese wieder verlassen. Auch in diesen Familien bleiben neue Kinder bei ihren Müttern zurück. Ältere Kinder wollen weg, zu ihren Freundinnen und Freunden, wollen raus aus der Enge, aus der Trostlosigkeit, raus aus der Arbeitslosigkeit, Stütze und Sozialhilfe. Die Mädchen sind oft erst fünfzehn, sechzehn, wenn sie zu ihren Freunden ziehen. Sehr früh bekommen sie selbst Kinder. Das Geld reicht vorne und hinten nicht. Probleme über Probleme. Die Ausbildung wird abgebrochen und ...

Ihr Leben ist oft ein einziger Kreislauf. Man könnte im Grunde beginnen, die Geschichte wieder von vorne zu erzählen.

Die Siggelkows dieser Welt werden gebraucht – in den ARCHEN, in Unternehmen, in der Politik und in den Familien. Mit ihrer Hilfe könnten wir das Problem

Kinderarmut auch lösen oder zumindest lindern. Es gibt viele positive Beispiele, die zeigen: Den Kindern kann geholfen werden. Es lohnt sich, für sie zu kämpfen. Die Geschichten in diesem Buch zeigen das. Nicht immer gibt es ein Happy End, aber immer gibt es Hoffnung. Hoffnung auf das Morgen.

Wolfgang Büscher

Hoffnungsgeschichten aus der ARCHE

Das Geburtstagskind

Regen prasselte gegen die großen Fensterscheiben, durch die man das hektische Kindertreiben auf der Straße beobachten konnte. Es war gerade 13:30 Uhr und in den umliegenden Grundschulen war die sechste Stunde zu Ende.

An diesem ungemütlichen Herbsttag hielt es niemanden draußen, und so füllte sich unser trister Esssaal, in dem bereits die Tische gedeckt waren, sehr schnell. Die Kinder standen erwartungsvoll vor der Küchenluke. Viele von ihnen waren heute Morgen ohne Frühstück und ohne Pausenbrot zur Schule gegangen. Ihr Magen knurrte, und die Ungeduld, endlich mit einem gefüllten Teller Platz nehmen zu können, war groß.

Es war gerade mal ein halbes Jahr her, dass wir Deutschlands erste Suppenküche für Kinder ins Leben gerufen hatten. Was als mobile Versorgung auf der Straße begonnen hatte, war jetzt feste Anlaufstelle für eine junge Generation, der es an mehr fehlte als nur an einer warmen Mahlzeit. Viele der Kinder – so hatten wir durch eine Umfrage ermittelt – bekamen überhaupt nur zweimal pro Woche ein warmes Essen.

An den mit Blumen dekorierten Tischen hörte man die hungrigen Mäuler ihre Tageserlebnisse erzählen:

von der Vier in Mathe, vom morgendlichen Streit mit der Mama, der anstehenden Klassenreise und dem angekündigten Besuch der Oma. Die Mitarbeiter hatten ein offenes Ohr für alles, was die Kinder zu erzählen hatten. Deshalb wussten wir auch, dass heute ein ganz besonderer Tag war. Schon eine Woche zuvor hatte uns Claudia darüber informiert, dass sie Geburtstag hätte.

Sie war so aufgeregt, als wäre es der erste Geburtstag ihres Lebens. Sie kam aus einer großen Familie: sieben Geschwister, Mama und Papa arbeitslos. Hin und wieder brachte ich einige Lebensmittel an die Tür, durch die ich jedoch nie hindurchtreten durfte, weil die Scham aufseiten von Claudias Eltern einfach zu groß war. Durch den Türspalt sah ich höchstens den leeren Flur, in dem sich ein kleiner Wäscheberg türmte. Aus dem Augenwinkel konnte ich einmal ein kleines Kinderzimmer mit einem einzigen Etagenbett entdecken. Die Tapeten an den Wänden waren teils abgerissen, teils mit Filzstiften bemalt. In der Wohnung standen nur wenige Möbel. Hier fehlte viel – vor allem aber eine Perspektive für die Zukunft.

Aber heute hatte Claudia allen Grund zur Freude. Sie strahlte übers ganze Gesicht, als sie in den Raum trat und alle laut „Herzlichen Glückwunsch!" riefen. Sie wurde bejubelt wie ein Popstar auf der Bühne und sie genoss jedes freundliche Wort. Nachdem sie ihre Schultasche in die Ecke gestellt, ihre Jacke an die Garderobe gehängt und ihren Teller gefüllt bekommen hatte, setzte sie sich zu mir und vier anderen Kindern an den Tisch.

„Wie fühlst du dich, Claudia?", fragte ich.

Mit vollem Mund brachte sie ein „Cool" heraus. Sie wusste genau, dass wir jedem Kind zu seinem Geburtstag ein Geschenk machen, und sicher war das auch mit ein Grund, weshalb sie so strahlte. So viele Kinder in unserer Einrichtung hatten zu Hause noch nie richtig ihren Geburtstag gefeiert. Die Eltern verfügten häufig nicht über die Mittel, um eine Geburtstagsfeier auszurichten, oder hatten nicht die Nerven, das bunte Treiben in den eigenen vier Wänden zu dulden. Es war oft das höchste der Gefühle, dass vor dem Frühstück Geschenke verteilt wurden. Dann ging man zur Tagesordnung über.

Nachdem Claudia aufgegessen hatte, übergab ich der jetzt Zwölfjährigen ein bunt verpacktes Paket. Voller Ungeduld zerriss sie das Geschenkpapier und enthüllte ein kleines Stofftier, eine Federtasche und einen Gutschein. Sie umarmte mich und bedankte sich bei den anderen Mitarbeitern. Sie war überglücklich.

„Claudia, erzähl uns doch, was du heute noch zum Geburtstag bekommen hast“, bat ich sie, denn wir alle wollten Anteil an ihrer Freude haben.

Plötzlich verschwand das Strahlen von ihrem Gesicht, das Leuchten in ihren Augen verblasste und sie errötete. Man hatte das Gefühl, dass Claudia sich bemühte, Tränen zurückzuhalten.

„Sag schon“, ermutigte ein Junge sie, der mit uns gemeinsam am Tisch saß.

Claudia konnte kaum sprechen. „Seit vier Jahren vergessen meine Eltern meinen Geburtstag“, gestand sie schließlich. „Ich bekomme schon lange nichts mehr.“

Betroffenes Schweigen an unserem Tisch.

Niemand wagte, etwas zu sagen. Es war schockierend. Was mochte in den vergangenen Jahren in diesem kleinen Herzen vor sich gegangen sein? War der einzige Grund dafür, dass sie sich schon seit Tagen auf ihren Geburtstag freute, das Wissen, dass sie von uns ein Geschenk bekommen würde? Ich nahm sie in den Arm. Jetzt musste *ich* meine Tränen unterdrücken.

Nach diesem Ereignis führten wir in unserer Einrichtung eine monatliche Geburtstagsparty ein, auf der die Kinder feiern, die in dem jeweiligen Monat Geburtstag hatten. Alle anderen sind ihre Gäste. Es gibt Kuchen, Kakao und für die Geburtstagskinder eine große Torte. Natürlich dürfen die Geschenke und Spiele nicht fehlen. Es kommt vor, dass an einer solchen Feier 150 Kinder teilnehmen, aber für viele ist es die einzige Geburtstagsfeier, auf der sie kindlich feiern können.

❖

Claudia zog schließlich mit 13 Jahren zu ihrem 19-jährigen Freund, da sie ihren Eltern nicht länger auf der Tasche liegen wollte. Sie kommt heute noch hin und wieder in die ARCHE und ist ein Kind wie viele andere auch. Ein Kind, das nicht auf der Sonnenseite des Lebens steht. Ein Kind, das viel zu schnell erwachsen werden musste und das um seine Kindheit betrogen wurde. Ihre Geschichte ist die Geschichte vieler Kinder und Familien, über die in diesem Buch berichtet wird. Geschichten, die aus dem Leben gegriffen sind und die Realität widerspiegeln, in der viele leben müssen.

Ich liebe dich

Es war Sonntagmorgen, und ich wollte nur schnell zur Tankstelle, um mir eine Zeitschrift zu kaufen, und dann den freien Tag mit meiner Familie genießen. Vor dem Nachbarhaus spielten zwei Jungs mit einer alten Coladose Fußball. Es war nicht wichtig, ob hier ein Markenfußball zum Einsatz kam – die Kids wollten ihren Spaß, und da tat es auch eine alte, rostige Dose.

Die beiden, die regelmäßige Besucher unseres Kinder- und Jugendzentrums waren, bemerkten mich natürlich. Wir sahen uns fast jeden Tag, spielten, quatschten und verbrachten viel Zeit miteinander. Heute war die ARCHE jedoch geschlossen, und das bedeutete für sie, dass sie ihre Freizeit anders gestalten mussten.

Michael winkte mir zu und rief: „Guten Morgen!" Tobias hingegen rannte mich fast um. „Hallo, Bernd", begrüßte er mich. „Wo gehst du hin?"

Er war gerade sieben Jahre alt geworden, aber zum „Kindsein" hatte er nur wenig Gelegenheit. Seine Mutter war selbst noch ein Teenager gewesen, als er geboren wurde, und vor einigen Monaten hatte sie noch eine kleine Tochter bekommen. Sie hatte wechselnde Lebensgefährten, und so hatte Tobias mal einen „Vater" und mal nicht. Häufig ließ die Mutter ihn mit seiner

Schwester allein. Dann musste er auf die Kleine aufpassen, ihr die Windeln wechseln, die Flasche geben und sie manchmal auch trösten. Er musste viel zu früh Verantwortung übernehmen und war deshalb viel reifer als andere Kinder in seinem Alter. Wenn man sich mit ihm unterhielt, hatte man das Gefühl, man spräche mit einem Zehnjährigen, dabei besuchte er gerade mal die erste Klasse.

„Ich gehe zur Tankstelle, um mir eine Zeitung zu kaufen", antwortete ich auf seine Frage.

„Dann will ich mit", erklärte er.

Alle meine Versuche, ihn dazu zu überreden, mit seinem Freund weiterzuspielen, misslangen. Tobias wollte mit.

Die Zeitschrift war schnell gefunden und wir standen an der Kasse. „Du, Bernd", sagte Tobias plötzlich, „ich liebe dich!"

Mir lief ein Schauer über den Rücken. So ein Satz, so eine Erklärung von einem siebenjährigen Jungen, der in seinem Leben selbst viel zu wenig Liebe erfahren hatte.

Die Kassiererin schaute uns verwirrt an, denn sie merkte natürlich gleich, dass wir nicht Vater und Sohn waren.

Nachdem ich bezahlt hatte, nahm ich Tobias in den Arm und versuchte, ihm zu zeigen, dass auch ich ihn lieb hatte.

Am nächsten Tag, gleich nach der Schule, klopfte es an meiner Bürotür und Tobias kam herein. Es kommt immer wieder vor, dass der eine oder andere unserer kleinen Besucher zuallererst in meinem Büro vorbeikommt, um von der Schule oder irgendeinem Erlebnis zu erzählen oder einfach nur Hallo zu sagen. Doch Tobias wollte mich an diesem Tag nach der Schule nicht nur begrüßen; er wollte etwas ganz Außergewöhnliches.

„Bernd“, sagte er, „morgen gehe ich nicht in die Schule! Ich werde dir hier in der ARCHE helfen. Was ihr hier macht, ist so wichtig für die Kinder!“

Was ging im Kopf dieses viel zu selbstständigen Erstklässlers vor? Das sagte ein Kind, nicht ein sozial engagierter Erwachsener. Diese Situation katapultierte mich in Gedanken viele Jahre zurück in meine eigene Kindheit.

Ich sah wieder vor mir, wie meine Mutter eines Tages mit zwei Koffern bepackt vor mir stand und mit Tränen in den Augen sagte: „Ich gehe jetzt und komme nicht wieder. Ich werde mich von deinem Vater scheiden lassen!“ Ich war damals ungefähr genauso alt wie Tobias. Mir liefen die Tränen übers Gesicht. Ihre Aussage war so endgültig. Ich kann mich nicht daran erinnern, ob noch jemand in unserer Wohnung war, aber als meine Mutter das Haus verließ, fühlte ich mich so allein, als wäre ich von allen verlassen. Mein Weinen war so laut und doch hörte es niemand. Mein Herz schlug so stark, dass der ganze Körper zitterte.

Mein Vater hatte ein eigenes kleines Geschäft, mit dem er – leider nur mit mäßigem Erfolg – versuchte, unsere Existenz zu sichern. Natürlich führte der Weggang meiner Mutter zu noch größeren finanziellen Schwierigkeiten, da sie im Laden mitgearbeitet hatte. Das Geschäft ging bankrott, der Schuldenberg wuchs an, und mein Vater arbeitete von morgens bis spätabends, um so gut wie möglich über die Runden zu kommen. Um meinen Bruder und mich kümmerte sich unsere Großmutter, die unsere Familie außerdem mit einem Teil ihrer kleinen Witwenrente unterstützte. Sie kochte für uns, machte den Haushalt und half meinem Vater, so gut es eben ging. Doch es war schwer, und das merkten wir als Kinder sehr früh. Irgendwann eröffnete uns unser

Vater, dass unsere Großmutter schwer krank war und wahrscheinlich nicht mehr lange leben würde. Sie hatte Krebs und musste operiert werden. Die Ärzte gaben ihr nach der Operation noch zwei Jahre, doch sie lebte und litt noch fünf weitere.

All das nagte an mir wie ein Geschwür. Nachts schreckte ich regelmäßig aus dem Schlaf auf. Wenn ich dann wach dalag, fragte ich mich, was ich tun würde, wenn meine Großmutter jetzt tot und nicht mehr für uns da wäre. Tagsüber half ich, so gut ich konnte, im Haushalt: einkaufen, kochen, abwaschen, mit zum Arzt oder ins Krankenhaus gehen. Für Kinderträume gab es da wenig Raum. Einen Traum jedoch behielt ich mir. Er begleitete mich durch die ganze Kinderzeit: Ich wollte musizieren. Doch das war mein Geheimnis. Wir hatten ja ohnehin kein Geld für Musikunterricht und unmusikalisch war ich noch dazu.

Je älter ich wurde, desto unausgeglichener wurde ich. Ich war oft traurig, wütend, und schließlich wollte ich mir sogar das Leben nehmen, auch wenn ich nicht wusste, warum. In meiner Freizeit trieb ich mich viel auf der Straße und auf öffentlichen Plätzen herum, ich rauchte und hörte Musik, um mich von meinen Problemen abzulenken.

Mein älterer Bruder erzählte mir eines Tages, dass er die Heilsarmee besuchte. Das sei eine Gruppe von Christen, die eine Menge Angebote für Kinder hätte. Er sagte, dass man dort sogar kostenlosen Musikunterricht bekommen konnte.

Das interessierte mich. Vielleicht konnte mein Traum ja doch in Erfüllung gehen. Vielleicht konnte ich endlich ein Instrument lernen.

Am darauffolgenden Sonntag besuchte ich die Heilsarmee. In meiner Familie sprach man wenig über Religion und so wusste ich nicht viel über Christen und ihren Glauben. Der Gottesdienst, der an diesem Abend abgehalten wurde, interessierte mich auch nicht sonderlich; ich war ja sowieso aus einem anderen Grund hier.

Nach dem Gottesdienst sprach ich mit dem Kapellmeister und bat ihn um Posaunenunterricht. Er war ein freundlicher Mann, selbst Vater von zwei Kindern, und er nahm mich als Schüler auf. Von da an ging ich regelmäßig in die Heilsarmee. Ich besuchte jede Veranstaltung und lernte Blasmusik und Gitarrespielen.

Nach einiger Zeit lud mich der Jugendleiter der Heilsarmee ein, den Nachmittag mit ihm zu verbringen. Er wollte mich näher kennenlernen, da ich ja relativ neu dabei war. Ich sagte gerne zu. Ich genoss es, mit Menschen zusammen zu sein, die mich ernst nahmen und Zeit für mich hatten.

Wir unterhielten uns bei einer Tasse Tee. Nach einer Weile fragte der Jugendleiter: „Bernd, weißt du eigentlich, dass es jemanden gibt, der dich liebt?"

Über diese Frage hatte ich nie nachgedacht. Wann auch? Zu Hause waren wir mit anderen Dingen beschäftigt – mit Geldnot und Krankheit. Aber jetzt, wo ich darüber nachdachte, konnte ich mich nicht erinnern, dass ich jemals auf dem Schoß eines Erwachsenen gesessen hatte oder dass mir je ein Erwachsener gesagt hatte, ich würde geliebt. War das der Grund für die innere Unruhe, die mich umtrieb?

Der Jugendleiter erzählte mir von Gott, der den Menschen seine Liebe durch seinen Sohn geschenkt hat, der alles auf sich genommen hatte, um mir die ganze Liebe Gottes zu geben.

Das hatte ich vorher noch nie gehört. Für mich war Gott genauso weit weg wie diese Liebe, die mir doch so gefehlt hatte.

An diesem Nachmittag betete ich. Ich legte diesem unbekannten Gott meine ganze Kindheit hin, denn ich wollte seine Liebe erfahren. Ich entschied mich, Christ zu werden, und das war die beste Entscheidung meines damals 16-jährigen Lebens.

❖

Zurück zu Tobias.

Er lebt heute in einer anderen Stadt bei seiner Tante. Das Jugendamt hat der Mutter das Sorgerecht entzogen, weil sie ihren Sohn überfordert hatte. Als Tobias und seine Tante mich vor einiger Zeit besuchten, sah man diesem Jungen an, dass in seinem Leben eine positive Veränderung stattgefunden hatte. Er hatte endlich jemanden gefunden, der mit ehrlichem Herzen zu ihm sagen konnte: Ich liebe dich.

Mehr als nur ein Eimer Farbe

Viele der Kinder, die die ARCHE besuchen, wachsen in katastrophalen häuslichen Verhältnissen auf. Wir wurden zum Beispiel einmal auf eine Familie aufmerksam, in der fünf Kinder in einem Zimmer schlafen mussten, weil die Wohnung viel zu klein war. Es gab weder Schränke noch Regale, noch Betten; die Wände waren kahl. Die Matratzen lagen einfach verstreut auf dem Boden, und die Kinder lagen nachts dicht nebeneinander, umgeben von riesigen Stapeln Umzugskartons, in denen die Familie ihre Habseligkeiten aufbewahrte.

Wenn wir von solchen Umständen erfahren, bemühen wir uns, etwas dagegen zu tun. Im Fall dieser Familie machten wir uns daran, jedes Zimmer so zu renovieren, dass zumindest die „Infrastruktur" für die Kids hergestellt war. Es kostete unsere Mitarbeiter viel Kraft, denn diese Arbeit musste neben ihrer eigentlichen Tätigkeit in unserer Einrichtung getan werden, und das, was liegen blieb, musste später noch erledigt werden. Doch die Arbeit hat sich gelohnt. Die Mutter ist jetzt ganz neu motiviert. Eine Familienbetreuerin aus der ARCHE geht jede Woche in diese Familie, um nach dem Rechten zu schauen. Die Mutter und ihre Kinder sehen wieder Licht am Horizont.

Fälle wie diesen gibt es immer wieder. Und wir versuchen zu helfen, wo es uns möglich ist. Nach einer anderen solchen Renovierungsaktion kam Britt, eine unserer Mitarbeiterinnen, auf mich zu und fragte: „Bernd, können wir nicht noch mehr Familien helfen, ihnen die Kinderzimmer liebevoll einrichten und etwas Ordnung schaffen? Können wir hieraus nicht noch ein zusätzliches Projekt machen?"

„Britt, du weißt, wie schwierig das ist. Wir können nicht allen helfen", erklärte ich ihr. „Wir haben nicht genug Mitarbeiter und auch nicht genug Geld. Wir können leider nicht die ganze Welt verändern!" Mir fiel diese Antwort schwer, denn ich wusste, dass es noch viele Familien gab, die derartige Hilfe dringend gebrauchen konnten.

Doch ich hatte nicht mit Britts Reaktion gerechnet. Sie schaute mich ernst an und sagte: „Dann kümmere dich darum, Bernd, denn es wird noch mehr auf uns zukommen!"

Britt wusste wahrscheinlich von uns allen am besten, dass wenige Handgriffe dazu beitragen können, einer Familie die größten Alltagssorgen zu nehmen.

Ich erinnerte mich daran, wie ich sie kennengelernt hatte ...

❖

Im Flur vor meinem Büro ging eine Frau von Mitte dreißig mit zwei Mädchen an der Hand auf und ab. Sie wirkte etwas verunsichert und nervös.

„Hallo", begrüßte ich sie, „kann ich Ihnen helfen?"

Ein wenig verschüchtert stieß sie hervor: „Ich habe gehört, dass Kinder hier etwas zu essen bekommen." Sie griff in ihre schwarze Umhängetasche, zog ein Bündel mit Papieren heraus, die ordentlich sortiert in einer Hülle klemmten. „Ich habe hier meinen Sozialhilfebescheid. Wir haben nicht mehr viel zum Leben. Können meine Kinder hier zu Mittag essen?"

Ich nahm die drei mit nach unten in den Speiseraum, wo schon viele andere Kinder und einige Eltern an der Essensausgabe warteten. Spaghetti standen heute auf dem Speiseplan. Die Mutter der beiden Mädchen wollte meinem Angebot, selbst mitzuessen, zunächst nicht folgen, doch die Kinder nahmen einfach einen Teller für die Mutti mit und so brauchte ich keine weiteren Überredungskünste anzuwenden.

Gemeinsam setzten wir uns an einen der wenigen freien Tische.

„Lecker, das ist wirklich sehr lecker", meinte die Frau, nachdem sie ein paar Bissen gegessen hatte.

Man merkte ihr an, wie schwer es ihr fiel, hier – in einer Armenküche – zu sitzen. Sie hatte zweifellos schon lange mit sich gerungen hierherzukommen.

Mit einigen geschickten Fragen versuchte ich, mehr Informationen über ihre Situation zu erhalten, doch es war nicht viel aus ihr herauszubekommen. Sie schämte sich viel zu sehr. Alles, was ich an diesem Tag erfuhr, war, dass ihr Name Britt war und dass sie noch zwei weitere Kinder hatte.

Britt kam in den nächsten Tagen immer wieder mit ihren Kindern in die ARCHE. Sie hatte insgesamt drei Mädchen und einen Jungen – nett, gut erzogen, manchmal rüpelhaft – wie Kinder eben so sind.

Mit der Zeit wuchs Britts Vertrauen zu uns und so erfuhren wir nach und nach immer mehr über sie. Sie hatte schon einiges hinter sich: Sie selbst hatte ihre Kindheit im Heim verbracht. Das erwähnte sie nur in einem Nebensatz; mehr konnten wir über diese Zeit nicht erfahren.

Ihre Kinder hatten zwei verschiedene Väter, die Britt aber beide hatten sitzenlassen. Der zweite Mann hatte ihr außer den Kindern noch 80.000 Euro Schulden zurückgelassen. Da er untergetaucht war, konnten die Gläubiger keine Ansprüche an ihn geltend machen, und so wurde Britt zur Verantwortung gezogen. Britts Geld wurde von einem Rechtsanwalt verwaltet, der ihr jede Woche 70 Euro für sie und ihre vier Kinder auszahlte – zum Leben zu wenig und zum Sterben zu viel. Entsprechend sah Britts Alltag aus: ein ständiger Kampf ums Überleben, den sie mit Sicherheit bald verlieren würde.

Ich hatte gleich viele Ideen, was man tun könnte, doch meine klugen Ratschläge wurden alle schnell zunichtegemacht. Ich dachte an private Insolvenz, an Stundung und an viele andere nahe liegende Lösungen, aber dazu war das Einverständnis aller Gläubiger dringende Voraussetzung. Britt hatte all das schon versucht. Sie hatte schon unzählige Gespräche mit Gläubigern geführt und um Stundung und Verständnis gebeten, doch sie hatte nur Kopfschütteln geerntet.

An manchen Tagen hatte ich Angst, dass Britt ihrem Leben ein Ende setzen würde. Sie wollte ihren Kindern so gerne eine gute Mutter sein, aber niemand schien ihr eine Chance geben zu wollen. Ihre älteren Kinder, die schon in der Pubertät waren, bereiteten Britt zusätzlich Sorgen. Manchmal blieben sie zwei Tage von zu Hause weg oder sie schwänzten drei Tage hintereinander die Schule – einfach so aus Trotz. Sie machten, was sie wollten, und ließen sich von ihrer Mutter nichts sagen. Sie hatten nie gelernt, über Probleme zu diskutieren, hatten sie doch in ihrer jungen Kindheit schon die unzähligen Auseinandersetzungen mit den Ehemännern ihrer Mutter mitbekommen und wünschten sich nun ein entspannteres Leben.

Britt war mit der Gesamtsituation hoffnungslos überfordert. Wenn ihr alles zu viel wurde, griff sie schließlich auch mal zur Flasche. Sie fühlte sich einfach alleingelassen mit den Problemen ihrer Kinder und mit ihren eigenen, die bei Weitem mehr waren, als ein Mensch allein ertragen kann!

Diese Mutter wollte ihre Familie aus dem Sumpf ziehen, aber wie?

Bei meinem ersten Hausbesuch stellte ich schnell fest, wie viele Dinge in der Wohnung fehlten. Auch wenn diese auf den ersten Blick sauber wirkte, so vermisste man doch vieles, was in einem normalen Haushalt Standard ist. Es gab keine Gardinen oder Rollos an den Fenstern und keine vernünftigen Kleiderschränke für die Kinder. Den schlimmsten Eindruck machte die Küche auf mich. Sie war im Grunde nur ein dunkles Loch ohne Fenster.

Wir besorgten Farbe, Gardinen, einen Kühlschrank, und nach und nach wurde das Familiendomizil immer wohnlicher. Durch unsere Arbeit lernten wir glücklicherweise auch Leute kennen, die, nachdem wir sie von Britts Situation in Kenntnis gesetzt hatten, gerne helfen wollten. Diese Menschen spendeten Geburtstagsgeschenke für die Kinder, Inventar und sogar einen Familienausflug, den die Familie von ihren 70 Euro im Monat nie hätte bezahlen können. Es ging bergauf mit Britt. Doch viel wichtiger als all diese vielen Höhepunkte, die sich durch die zahlreichen materiellen Geschenke für ihre Familie ergaben, war die Freundschaft, die sich zwischen uns und Britt entwickelte.

Britt begann, ehrenamtlich in der ARCHE mitzuarbeiten – Kleidung an Kinder auszugeben, Essen zu kochen, zu putzen, abzuwaschen. Sie war sich für nichts zu schade. Sie wollte etwas von der Unterstützung, die sie erfahren hatte, zurückgeben. Und es war ihr wichtig, denen zu helfen, die in ähnlichen Umständen lebten wie sie selbst zuvor.

❖

Es ist schon erstaunlich, wenn man sieht, was sich bei Britt seit ihrem ersten Besuch in der ARCHE getan hat. Die offenen Ohren, auf die sie bei unseren Mitarbeitern gestoßen war, waren Balsam für ihre Wunden. Sie hat schweren Herzens Hilfe angenommen und kann diese nun mit offenem Herzen an viele andere Familien weitergeben. Mittlerweile ist Britt so etwas wie die gute Seele der ARCHE. Wir konnten sie sogar auf Teilzeitbasis anstellen. Sie kümmert sich darum, dass Familien, denen es so geht wie ihr früher, Möbel, Kleidung und Essen bekommen.

Britt kann heute von ihrem kleinen Gehalt die Schulden ihres Mannes abbezahlen. Ihre Familie steht hinter ihr, und das macht sie glücklich. Doch es gibt noch viele andere Familien, die dringend Hilfe brauchen. Wir stehen vor der Herausforderung, noch mehr Kinderzimmer einzurichten, noch mehr Wände zu tapezieren und Menschen zu unterstützen, die alleine keine Kraft mehr aufbringen können, um etwas zu tun. Britt erinnert mich an diese Verantwortung: „Kümmere dich darum, denn es wird noch mehr auf uns zukommen!"

Neue Hoffnung

In der letzten Reihe der überfüllten Straßenbahn saß ein kleiner Junge unruhig auf seinem Platz und schaute bei jeder Haltestelle aus dem Fenster, um sicherzugehen, dass er auch ja an der richtigen Station ausstieg. In der Bahn befanden sich viele Kinder, die gerade aus der Schule kamen und jetzt in die ARCHE fuhren. Sie freuten sich auf ein warmes Mittagessen und einen abwechslungsreichen Nachmittag bei Sport, Spiel und Hausaufgabenhilfe. Bei jeder Haltestelle stiegen weitere Kinder ein und die Bahn wurde immer voller.

In dem ganzen Trubel schien es keinem Menschen aufzufallen, dass der kleine Junge ganz allein war. Die anderen Kids schnatterten ohne Punkt und Komma. Geschichten aus der Schule machten die Runde und die für heute anstehenden ARCHE-Aktivitäten wurden heiß diskutiert. Zu erzählen gab es viel und so verging die Fahrt wie im Flug.

Als die Straßenbahn endlich an der nächsten Haltestelle vor der ARCHE angekommen war, leerte sie sich. Bestimmt 40 Schüler stiegen hier aus. Auch der kleine blonde Junge sprang von seiner Bank und hüpfte aus der Bahn. Dann ging er zielstrebig auf die Kreuzung zu, den anderen hinterher. Eine Traube von Kindern überquerte vor ihm die Hauptstraße und steuerte geradewegs auf das ehemalige Schulgebäude zu, in dem sich die ARCHE befindet.

Als der Kleine endlich ankam, hatten die anderen schon längst ihre Schulranzen in die Garderobe geworfen und waren in den Speiseraum geeilt. Der Hunger hatte sie angetrieben.

„Hallo, Patrick!“, rief ich, als ich ihn sah, wie er sich mit aller Kraft gegen die große Eingangstür stemmte und sich durch den Spalt hereindrängte. „Bist du ganz allein hier?“

Patrick nickte. Sein Wortschatz erlaubte ihm keine ausführliche Antwort. Er sprach sehr schlecht, stammelte mehr, als dass er reden konnte. Trotzdem war er für seine drei Jahre schon ziemlich selbstständig.

Ja, Patrick war erst drei Jahre alt. Er fuhr häufig allein mit der Straßenbahn zur ARCHE. Sechs oder sieben Stationen, den Blick immer aus dem Fenster gerichtet, damit er seine Haltestelle auch nicht verpasste. Manchmal half ihm ein Erwachsener, aber in der Regel schaffte er es allein.

Am späteren Nachmittag trudelten dann auch Patricks Geschwister ein. Die 11-jährige Patrizia, die 8-jährige Petra und die 15-jährige Pia.

Etwa ein Jahr zuvor hatten die vier Geschwister unsere Einrichtung zum ersten Mal betreten. Ich erinnere mich noch daran, als wäre es gestern gewesen. Es war ein Freitagmittag. Ich muss gerade mit den anderen jungen Besuchern der ARCHE im Speiseraum zu Mittag gegessen haben, als Patrick und seine Schwestern gekommen waren. Deshalb waren mir die Kinder nicht gleich aufgefallen.

Der Nachmittag war mit allen möglichen Terminen gefüllt. In meinem Büro gaben sich die Besucher die

Klinke in die Hand. Bewerbungen für Praktikumsplätze wurden abgegeben, Eltern, die Fragen in Sachen Erziehung hatten, suchten mich auf, aber auch Menschen, die uns finanziell unterstützen wollten. In der Regel versuche ich, jeden Tag wenigstens für ein paar Stunden mit den Kindern zu spielen oder mit ihnen zu reden, aber heute blieb außer dem gemeinsamen Mittagessen keine Zeit.

Etwa um 17:00 Uhr klopfte es an meiner Bürotür.

„Herein!", rief ich.

Zögerlich wurde die Tür geöffnet.

„Bist du der Bernd?" Mit diesen Worten trat ein mit Jeans und hellem T-Shirt bekleidetes Mädchen in mein Büro. „Ich heiße Patrizia und bin heute mit meinen drei Geschwistern zum ersten Mal hier. Die anderen Kinder, die ich hier kennengelernt habe, haben mir gesagt, dass du uns helfen kannst", sprudelte es aus Patrizia heraus.

Ich bat Patrizia, mir zu erzählen, wo sie der Schuh drückte.

Sie fing an zu erzählen. Zu Hause wohnten außer ihr und ihren drei Geschwistern, die mit ihr in der ARCHE waren, noch ihr älterer Bruder und die Mama; ihr Vater lebte nicht bei ihnen. Weil die Mutter ihrer Nachweispflicht nicht nachgekommen war, hatte das Sozialamt ihr die Leistungen gestrichen, und das schon vor vier Monaten. Sie lebten also schon seit Wochen nur vom Kindergeld. Die Wohnung hatte man ihnen gekündigt, weil sie die Miete nicht mehr zahlen konnten, der Räumungstermin war auf den darauffolgenden Dienstag anberaumt und der Kühlschrank war leer. Die nächste Kindergeldzahlung sollte erst in drei Wochen kommen. Die Familie wusste nicht mehr ein noch aus. Doch wie der Zufall es so wollte, hatten die Geschwister in der

Schule von der ARCHE gehört, und deshalb waren Patrizia und ihre Geschwister nun hier.

Ich erkundigte mich nach der Mutter, und Patrizia erklärte mir, dass ihre Mama Angst hätte und nie mit jemandem über ihre Situation reden würde.

Mir wurde klar, dass die Mutter schon völlig resigniert hatte. All ihre Hoffnung war dahin – wie bei so vielen Müttern, die ich über die ARCHE kennengelernt hatte.

Nun ergriffen ihre Kinder die Initiative.

Ich erklärte Patrizia, dass sie sich keine Sorgen machen sollte und dass ich sie und ihre Geschwister heute Abend nach Hause fahren würde.

Schnell rief ich meine Frau an und erzählte ihr alles. Sofort zog sie mit 200 Euro in der Hand los und kaufte innerhalb einer halben Stunde alles, was eine sechsköpfige Familie für eine Woche zum Leben braucht – angefangen von Milch über Nudeln und Brot bis hin zum Toilettenpapier. Alles wurde im Kofferraum meines Kleinbusses verstaut und eine Stunde später fuhr ich die vier Geschwister nach Hause.

Bepackt mit Kartons und Plastiktüten, stiegen wir die vier Etagen des grauen Gebäudes zur Wohnung dieser bedürftigen Familie hinauf. Als Patrizia die Tür aufgeschlossen hatte, liefen sie und ihre Geschwister in die Wohnung und riefen aufgeregt: „Mutti, wir haben Bernd aus der ARCHE mitgebracht. Schau mal, wir haben jetzt genug zu essen. Du musst dir keine Sorgen mehr machen."

Die Mutter saß im Wohnzimmer. Sie wirkte verhärmt und sah viel älter aus, als sie in Wirklichkeit war. Sie bot mir einen Kaffee an – das Einzige, das sie noch im Haus hatte. Ansonsten sprach sie wenig, aber sie bedankte sich auf ihre ganz eigene Art mit einem Lächeln. Für die

Kinder war dieses Lächeln auf dem Gesicht ihrer Mutter ein seltener Anblick. Sie waren überglücklich und hüpften während meines Besuches abwechselnd auf meinen Schoß und dann auf den ihrer Mutter. „Die ARCHE wird uns jetzt helfen, Mutti!“, riefen sie. „Jetzt geht es endlich aufwärts!“

Aufwärts – das war ein langer Weg, und er war nicht ganz so leicht zu bewältigen, wie die Kinder es annahmen.

Ich blickte mich um. Die Familie hatte schon all ihre Habseligkeiten in Kartons gepackt, die Möbel waren auseinandergeschraubt und standen in einem Zimmer. Nicht einmal mehr die Betten standen noch. Die Matratzen lagen auf dem Fußboden und die Bettgestelle lehnten an der Wand, bereit für die Räumung am darauffolgenden Dienstag.

Das Wochenende war für mich sehr schwer. Auch wenn man immer wieder mit den Problemen anderer Menschen zu tun hat und die Not ständig präsent ist, lassen einen Schicksale wie das dieser Familie nicht kalt, und man kann sie nicht vergessen, wenn man abends nach Hause kommt.

Am Montag telefonierte ich mit allen möglichen Ämtern, mit der Wohnungsbaugesellschaft, der Mutter, dem Sozialamt, der Schuldnerberatung und, ach, ich weiß nicht mehr, mit wem alles. Aber: Wir fanden schließlich eine Wohnung. Die Familie konnte umziehen – zwar mit Mietschulden im Nacken, aber zumindest auch mit der Zusicherung, dass die Sozialhilfe wieder gezahlt und das Amt auch die Miete der neuen Wohnung übernehmen würde.

Das Interessante ist: Als die Mutter merkte, dass sich jemand für sie und ihre Familie interessierte, fing sie plötzlich wieder an, ihre eigenen Kräfte zu aktivieren.

Mit neuer Motivation und mit einem Ziel vor Augen konnte sie bei den Behörden auf einmal auch über Dinge sprechen, die ihr vorher peinlich gewesen waren. Sie war nun bereit, Hilfe anzunehmen, und nur so konnte ihr auch wirklich geholfen werden.

Heute wohnt die Familie immer noch in der gleichen „neuen" Wohnung. Der kleine Patrick, der allein mit der Straßenbahn zu uns kam, wird in den nächsten Wochen acht Jahre alt, und seine große Schwester möchte, wenn alles klappt, eine Ausbildung zur Erzieherin machen, um anderen Familien helfen zu können – so wie ihrer geholfen wurde.

Eine Zukunft für junge Leute

Zu uns in die ARCHE kommen nicht nur jüngere Kinder, sondern auch einige Jugendliche. Die Älteren haben natürlich ganz andere Probleme als unsere „Kleinen". Oft haben sie es schwerer, ist es doch nicht besonders cool, aus einer armen Familie zu kommen. Es gibt eine Menge Beispiele dafür, was die 13- bis 18-Jährigen so alles erleben – oder besser: erleben müssen.

Viele unserer Jugendlichen können sich keine Markenklamotten kaufen und tragen stattdessen Sachen, die ihre Eltern preiswert in Kaufhäusern oder Kleiderkammern erstanden haben. Natürlich fällt das auch den Freunden und Mitschülern auf, die sie dann rücksichtslos hänseln. *„Was hast du denn da an?", „Du siehst ja aus wie deine eigenen Eltern vor 30 Jahren!"* Das oder Ähnliches bekommen die Kids regelmäßig zu hören.

Vor zwei Jahren rief eine Journalistin der „Bravo" an, die etwas über das Problem Armut bei jungen Menschen schreiben wollte. Die Journalisten schrieb schließlich über ein Mädchen aus der ARCHE. Als die Geschichte dann drei oder vier Wochen später veröffentlicht wurde, machte das Mädchen in seiner Schule einen wahren Spießrutenlauf durch. Selbst die Lehrer verhöhnten es. Ein sogenannter „Pädagoge“ wollte dem Mädchen sogar das Schulbrot schenken, das er von zu Hause mitgebracht hatte. „Du hast doch Hunger“, sagte er.

Ein anderer Jugendlicher wurde nach einem Fernsehbericht, in dem er als Beispiel für Jugendarmut gezeigt wurde, in seiner Schule schikaniert. Er musste den Inhalt des Papierkorbs wieder einräumen, der vorher durch die Klassenkameraden und den Lehrer in der Klasse ausgeschüttet worden war.

Das sind übrigens keine Einzelfälle.

Kürzlich erzählte mir Jenny, eine 16-jährige Jugendliche, die für ein Schulpraktikum in einem anderen Jugendzentrum arbeitete: „Bernd, die nerven mich da alle. Sie sagen ständig, ich sei die aus dem Armenclub“, erzählte sie mir.

Ist Armut wirklich ein Makel? Manchmal hat man das Gefühl, dass manche Schüler nur deshalb einen schlechteren Schulabschluss erreichen, weil sie sich kein Nahverkehrsticket leisten können, um im Nachbarbezirk eine weiterführende Schule zu besuchen; gerade dann, wenn zum Beispiel in ihrem Wohnbezirk die Realschule voll ist und nur noch Plätze in der Hauptschule frei sind. Dies erklärt vielleicht das Ergebnis einer Studie, die zu diesem Thema Anfang 2007 erhoben wurde: 44 Prozent der Schüler besuchen die falsche Schulform – auch aus sozialen Gründen. Es ist ein Skandal, wenn Kinder, die aus einer bestimmten sozialen Schicht kommen, weniger Chancen haben als andere gleichaltrige Schüler.

Oft kann man jungen Menschen helfen, die Lust am Lernen wiederzufinden. Robin, ein 13-jähriger Junge, hatte wenig Vertrauen in seine eigenen Leistungen. Dann entdeckte er beim Fußball seine Talente und spielte mit großem Erfolg in einer Mannschaft. Wir konnten die Kosten für die Sportkleidung und die Vereins-Mitgliedschaft übernehmen. Robin wurde sicherer in seinem Auftreten und seine Leistungen in der Schule wurden immer besser. Was war passiert? Der Schüler hatte bei sich Stärken entdeckt, von denen er bis dahin nichts gewusst hatte. Und auf einmal machte auch die Schule wieder Spaß. Schließlich war er jetzt wer. Nicht immer ist es so einfach. Aber diese kleine Geschichte zeigt, dass es sich lohnt, für die Kinder und Jugendlichen zu kämpfen.

Genau das wollen wir in der ARCHE tun. Wir setzen uns für sie ein. Und es lohnt sich: Wir konnten in den vergangenen Jahren fast allen jugendlichen ARCHE-Besuchern einen Ausbildungsplatz besorgen. Immer wieder melden sich sogar Unternehmen bei uns und bieten Praktika oder sogar Ausbildungsplätze für unsere Jugendlichen an.

Vor einiger Zeit kam ein Mädchen zu mir, das regelmäßig die ARCHE besucht. Es suchte händeringend nach einem Praktikumsplatz. In zwei Tagen musste es die Schule über den Stand der Dinge informieren. Ich rief bei einem großen Sportgeschäft an, dessen Inhaber uns schon öfter geholfen hatte. Er versprach auch dieses Mal sofort, sich darum zu kümmern. Wenige Minuten später kam der Rückruf und wir hatten eine Zusage. Der Unternehmer erzählte mir später, dass ihm Helfen großen Spaß bereite. „Das Schöne an so einer Sache ist", sagte er mir, „dass ich hier sofort helfen kann. Ich sehe das Ergebnis schon wenige Tage nach dem Anruf. Das macht Spaß."

Es erfüllt mich mit Zufriedenheit zu sehen, dass viele Menschen erkennen: Kinder sind unsere Zukunft, ja, die Säulen unserer Gesellschaft. Ohne sie wird es nicht gehen.

Paula

Es waren nur die engsten Familienangehörigen auf den kleinen Brandenburger Friedhof gekommen – ungefähr 20 Erwachsene und eine Handvoll Jugendlicher. Sie wollten Abschied nehmen von der 15-jährigen Paula, die nur wenige Tage zuvor gestorben war.

❖

Paula wuchs in einer Familie mit fünf Geschwistern auf. Ihre Mutter war mit der familiären Situation überfordert. Immer wieder wurde sie von ihren Partnern verlassen. Jedes Kind stammte von einem anderen Mann. Vier von ihnen wuchsen – zumindest zeitweise – in verschiedenen Heimen auf.

Paula kam zusammen mit ihrer Freundin in die ARCHE, denn allein hätte sie sich sicher nicht getraut. Wir lernten sie als ein zurückhaltendes Mädchen mit einem netten und höflichen Wesen kennen. Sie war ein Beziehungsmensch; andere waren ihr immer sehr wichtig. Schon früh hatte sie erkannt, dass andere Menschen auch Probleme haben – ihre Mutter, ihre Geschwister, ihre Freunde. So stellte sie eigene Interessen oft hintan und kümmerte sich um andere. Deshalb genoss sie es auch, in der ARCHE von unseren Mitarbeitern selbst einmal Zuneigung zu erfahren. Natürlich gab es auch Konflikte, denn als Teenager sucht man auch seine Grenzen, doch Paula fing sich immer wieder.

Aber Paula hatte noch ein weiteres großes Problem: Sie ging nur sehr unregelmäßig zur Schule. Das Problem wurde so groß, dass sich das Jugendamt einschaltete. Immer wieder setzte sich ihre Mutter mit Sozialarbeitern zusammen, um eine Lösung zu finden. Sie versuchte alles Mögliche und nahm jede zur Verfügung stehende Hilfe in Anspruch, konnte ihre Tochter aber nicht dazu bewegen, regelmäßig die Schule zu besuchen. Auch unsere Mitarbeiter stießen in diesem Punkt bei Paula auf Granit. Das Jugendamt reagierte auf ihre dauerhafte Schulverweigerung schließlich mit der Einweisung in ein etwa 100 Kilometer entferntes Heim für sozial auffällige Jugendliche.

Dies konnte ein neuer Anfang für Paula sein.

Aber Paula sah dies anders. Schließlich blieb das zurück, was ihr am wichtigsten schien: ihr Freundeskreis. Nur unwillig folgte sie dem Druck des Jugendamtes und zog nach Brandenburg.

In den folgenden Wochen hörten wir immer wieder über ihre Freundinnen von ihr, denen sie regelmäßig schrieb. Sie bestellte Grüße an die ARCHE-Mitarbeiter und versprach, dass sie uns in den Ferien besuchen würde. Über sich selbst, darüber, wie es ihr ging, schrieb sie nur wenig.

Eines Tages, knapp sechs Monate später, stand Paula mit einem Lächeln im Gesicht im Flur unserer Jugendeinrichtung, was vor allem deshalb überraschend war, weil zu dieser Zeit keine Schulferien waren.

„Paula, was machst du hier? Warum bist du nicht in Brandenburg?“ Diese Frage musste das Mädchen an diesem Tag zigmal beantworten.

„Im Heim gibt es keine oder so gut wie keine Betreuung", erklärte sie.

Keine Betreuung? Und darüber beschwerte sie sich? Eigentlich wollen junge Menschen doch so wenig Kontrolle und Betreuung wie möglich, doch Paula fühlte sich offensichtlich alleingelassen.

Alle unsere Mitarbeiter – und auch ich – versuchten, mit Engelszungen auf sie einzuwirken. „Geh wieder zurück", rieten wir, „sonst gibt es Ärger mit dem Amt. Geh wieder zurück, du verbaust dir sonst deine Zukunft."

Nach zwei Tagen setzte Paula sich wieder in den Zug und fuhr zurück nach Brandenburg.

Nicht einmal eine Woche später ging ein Gerücht durch unser Zentrum, das niemand wahrhaben wollte: „Paula ist tot!" Doch leider war es mehr als nur ein Gerücht. Als Paulas Mutter vor uns stand und es uns bestätigte, blieb uns allen die Luft weg. Ich erinnerte mich an das, was Paula gesagt hatte. Sie hatte die Betreuung im Heim als zu dürftig empfunden. Andere Teenager wären sicher froh darüber gewesen, dass sie nicht kontrolliert wurden, doch die Freiheit war zur bitteren Tragödie geworden: An einem Abend, als die Jugendlichen aus dem Heim zusammengesessen hatten, war jemand auf die Idee gekommen, Feuerzeuggas zu schnüffeln. Einige von ihnen hatten das schon ausprobiert. Das Ganze schien harmlos zu sein. Das Gas wurde in eine Tüte gegeben und „aufgeschnüffelt", um einen besonderen Kick zu erleben.

Alles ging gut – bis Paula an der Reihe war. Sie nahm die Tüte mit dem Gas in die Hand, hielt sie sich über Mund und Nase und atmete tief ein, doch das Resultat war ein anderes als das Erwünschte. Ihr Herz blieb stehen.

Natürlich war den Jugendlichen nicht bewusst, was in diesem Moment passierte. Als Paula weggetreten war, dachte jeder, sie käme gleich wieder zu sich, doch das geschah nicht.

An diesem Abend verlor Paula ihr Leben.

❖

Als ich vor ihrem Grab stand, um meine Predigt zu halten und von ihr Abschied zu nehmen, schossen mir Tausend Gedanken durch den Kopf. *Hättest du sie doch nicht ermutigt zurückzugehen! Warum musste so ein junger Mensch sterben?* Doch es gab keine Antworten auf meine Fragen. Mir fiel es schwer, Worte des Trostes für die Angehörigen zu finden. Unter die Trauer mischte sich Wut. Ihr Tod war so sinnlos und furchtbar, doch niemand von uns konnte dieses 15-jährige Mädchen wieder zurück ins Leben holen.

Seitdem sind zwei Jahre vergangen, doch ich werde immer wieder mit Paulas Tod konfrontiert. Ich kann dieses Mädchen, das seinen Lebenstraum auf dieser Welt nicht mehr verwirklichen kann, einfach nicht vergessen. Wie viele Kinder und Jugendliche gibt es noch in unserem Land, die sich nicht gut genug betreut fühlen, die Wärme und Aufmerksamkeit brauchen und Menschen, die ihre Zeit in sie investieren? Paulas Tod hat mir gezeigt, dass wir uns noch stärker für unsere nachwachsende Generation einsetzen müssen.

Ein ganz normaler Tag in der ARCHE

Es ist acht Uhr. Ich werde wach und liege allein in meinem Bett.

Meine Frau Karin ist schon lange auf. Sie bringt unsere Kinder zur Schule. Danach erwartet sie ein harter Tag. Erst muss sie für rund 600 hungrige Mäuler Essen einkaufen, und dann fahren Mitarbeiter der ARCHE auch noch zur Berliner Gedächtniskirche, wo sie jeden Montag viele obdachlose Menschen versorgen. Es ist auch noch nach vielen Jahren der Arbeit in der ARCHE immer wieder erschreckend, wie viele Menschen im Leben scheitern. Immer mehr greifen zu Alkohol und Drogen – vor allem junge Menschen. Oft sammeln die Kids schon mit zehn Jahren ihre ersten Erfahrungen mit Alkohol und verlieren das Gefühl für ihre Grenzen.

Mir steckt die Müdigkeit noch in den Knochen. Bis weit nach Mitternacht war ich zusammen mit einer Mitarbeiterin in einer „unserer" Familien. Die Wohnung war völlig zugemüllt. Im Kinderzimmer lagen zwei Matratzen auf dem Boden, auf denen die vier Kinder schliefen. Ein Hund und zwei Katzen sorgen für das Übrige. Die Bettwäsche ist mit Kot verschmiert und der Strom abgeschaltet. Die Mutter weiß nicht mehr weiter.

Für uns ist das leider ganz normaler Alltag.

Können wir ihr helfen? Heute Nacht gingen mir viele solcher Gedanken durch den Kopf, doch jetze, wie der Berliner sagt, ruft ein neuer Tag.

Ich stehe auf. Ab unter die Dusche und dann einen starken Kaffee. Ich mache mein Handy an. Gestern beim Besuch der Familie hatte ich es ausgeschaltet. Oft lasse ich das Gerät auch nachts an, damit mich Kinder, die in Not sind, jederzeit erreichen können. Doch seit einiger Zeit übernehmen meine engsten Mitarbeiter hin und wieder diesen „Notrufdienst“, denn ich habe gemerkt, dass ich mit meinen Kräften haushalten muss.

Sieben Nachrichten sind auf meiner Mailbox. Um 9:30 Uhr will ich im Büro sein. Ich esse schnell ein Brötchen und gehe zum Auto. Die Mailbox höre ich auf dem Weg dortin ab. Ein Unterstützer der ARCHE hat angerufen. Er möchte, dass ich einen Vortrag halte. Zwei Mitarbeiter haben eine Nachricht hinterlassen, ebenso wie das Jugendamt, das um Rückruf bittet. Der fünfte Anrufer war der leitende Sozialpädagoge der Hamburger ARCHE. Es geht um eine Terminabsprache; er bittet mich, am Donnerstag schon um 10:00 Uhr in Hamburg zu sein. Dann zwei Nachrichten, die mich besonders freuen: Der sechsjährige Paul und die neunjährige Tanja haben auf die Mailbox gesprochen. „Bernd, ich helfe dir morgen“, höre ich Pauls Stimme sagen, und Tanja wollte nur mal loswerden, dass sie mich und die ARCHE ganz doll lieb hat. Es sind Momente wie dieser, die einen bei unserer Arbeit aufbauen und durchhalten lassen.

Noch fünf Minuten, dann bin ich im Büro. Ich denke nach und bitte um Kraft für diesen Tag. Viele Termine stehen an, und hinter vielen dieser Termine verbergen sich Schicksale. Aber auch der Überlebenskampf unserer Einrichtung bedarf einer ungeheuren Kraftanstrengung. „Der Misserfolg unserer Gesellschaft ist der Erfolg der ARCHE." Es gibt außer der ARCHE in Berlin-Hellersdorf eine weitere in Berlin-Friedrichshain und außerdem Häuser in Hamburg und München. Weitere kommen dazu, und diese Häuser kosten Geld, viel Geld. Deswegen führen wir viele Gespräche mit Unternehmern und Menschen, die uns helfen wollen. Ein solches Gespräch erwartet mich um 11:30 Uhr.

Doch vorher steht um 10:00 Uhr eine Mitarbeiterbesprechung an. Bis dahin will ich kurz in meinem Büro einige Telefongespräche führen und mich mit meinen Mitarbeitern abstimmen, damit an diesem Tag kein Termin verloren geht. Außerdem will ich die E-Mails vom Wochenende durchsehen.

Am Sonntag lief ein längerer Beitrag über die Arbeit der ARCHE im Fernsehen. Unzählige Mails sind seitdem bereits eingegangen – Reaktionen auf die Sendung, die an mich weitergeleitet wurden. Die Telefone klingeln ununterbrochen. Viele Menschen wollen spenden, Geld und Gegenstände, die sie übrig haben. Das freut uns natürlich sehr, weil wir mit den Spenden vielen Familien helfen können. Abgesehen davon hat die Sendung – wie auch alle anderen – noch eine weitere positive Auswirkung: Man spricht über das Thema Kinderarmut. Dass in unserem Land Kinderarmut wirklich ein Thema ist, ist den Menschen nur schwer zu vermitteln, da man sie nicht sehen kann. Bei uns gibt es kaum Kinder, die in verdreckten und zerrissenen Klamotten durch die Straßen laufen. Bei uns findet Armut oft nur hinter verschlossenen Türen statt. Daher ist es sehr schwer, für Kinder in Deutschland Geld zu sammeln. Allein die Mittagsküche in den beiden Berliner ARCHEN verschlingt pro Tag rund 1.000 Euro.

Ich bin schon viel zu spät dran.

Mit zehn Minuten Verspätung eile ich ein Stockwerk nach oben zur Mitarbeiterbesprechung. Ein Feriencamp steht an, und da gibt es viel vorzubereiten. Rund 120 Kinder fahren mit in das Zeltlager unweit von Berlin. Wir brauchen Lebensmittel und Getränke für eine Woche und einen Kühlwagen, in dem beides gelagert werden kann. Es gilt zu klären, wie viele Mitarbeiter ins Camp mitfahren können. Immerhin soll der normale Betrieb in der ARCHE ja weitergehen.

Vieles ist bereits vorbereitet. Ich bin stolz auf mein Team. Oft denke ich in solchen Momenten zurück an die Anfangsjahre der ARCHE. Niemand hat mir damals geglaubt, als ich davon sprach, welche Probleme Kinder in ihren Familien haben. Die Politiker redeten von sogenannten Einzelfällen, mit denen wir bei unserer Arbeit konfrontiert seien. Doch davon spricht heute keiner mehr. 36 Prozent aller Berliner Kinder im Alter zwischen null und acht Jahren leben von Sozialhilfe und in den kommenden Jahren werden es eher noch mehr sein.

Ich werde aus meinen Gedanken gerissen, als ich höre, wie jemand meinen Namen ruft.

„Bernd? Bernd!“

Ich bin wieder voll und ganz bei der Mitarbeiterbesprechung.

Auch das Hoffest im Sommer will vorbereitet sein. Viele meiner Kolleginnen und Kollegen, höre ich dann, sind überlastet. Allein drei Mitarbeiter der ARCHE waren gestern bis spätnachts in den Familien unserer Kinder. Und das außerhalb ihrer normalen Arbeitszeit. Doch die Zeit allein ist nicht das Problem. Tagaus, tagein werden die oft noch sehr jungen Mitarbeiter mit dem Elend vieler Familien konfrontiert. Ich frage mich häufig, wie lange das gut gehen kann. Wie lange kann man eine solche Belastung aushalten? Ich möchte mein Team nicht verlieren. Wieder denke ich: *Ich bin stolz auf meine Leute und dankbar, dass sie sich so sehr für die ARCHE einsetzen.*

Kaum ist die Mitarbeiterbesprechung vorbei, eile ich wieder nach unten. Ein neuer Förderer wartet in meinem Büro. Eine Kollegin hat ihm bereits unser Haus gezeigt. Er ist beeindruckt und verspricht, uns in Zukunft zu unterstützen.

Durch die Glastür winken die ersten Kinder, die gerade aus der Schule kommen. Die kleine Nadine platzt ins Büro, bemerkt meinen Gast nicht und ruft: „Du, Bernd, ich habe Hunger, Mama hatte nichts fürs Frühstück. Kann ich schon was essen?"

Es ist 12:30 Uhr und die Küche für unsere Kids öffnet erst um 13:00 Uhr. Doch wer könnte da Nein sagen? Ein Praktikant nimmt die Kleine an die Hand und geht mit ihr runter in die Küche.

Als ich meinen Gast vor meiner Bürotür verabschiede, steht dort bereits Anja, ein kleine, kräftige Frau, die viel älter aussieht, als sie in Wirklichkeit ist. Anja hat zwei Kinder von acht und neun Jahren. Man hat ihr vor zwei Tagen den Strom abgestellt. 260 Euro soll sie nachzahlen, und die hat sie nicht. Kein Licht, kein warmes Wasser, kein warmes Essen. Kann man so mit zwei Kindern leben?

Können wir ihr helfen? Und dürfen wir ihr helfen?

Anja ist kein Einzelfall in unserer Einrichtung. Immer wieder stehen Mütter und Familien vor unseren Schreibtischen und schildern uns ihre Verzweiflung. Mietschulden, Räumungsklagen, das Wasser und/oder der Strom wurden abgestellt. Oft kommen sie erst wenige Stunden, bevor die Wohnung geräumt wird;

häufig ist die Wohnung schon ausgekühlt, gerade an strengen Wintertagen, und die Kinder müssen darunter leiden. Vielen dieser Familien können wir helfen. Manche bringen wir bei Bekannten, Mitarbeitern oder Freunden unter – zumindest für einige Tage. Dann reden wir mit den Vermietern oder den Ämtern und versuchen, eine Lösung zu finden. Manchmal ist nichts mehr zu machen, aber alleingelassen haben wir noch niemanden.

Doch zurück zu Anja. Ich lasse mir die zuständige Mitarbeiterin bei ihrem Stromversorger nennen, rufe bei dieser an und tatsächlich, es findet sich eine Regelung. 100 Euro muss Anja sofort bezahlen, den Rest kann sie in sechs Raten abstottern. Ich gebe ihr die 100 Euro zunächst aus meiner eigenen Tasche. „Aber ich brauche den Einzahlungsbeleg und gib das Geld nicht für irgendetwas anderes aus!", rufe ich ihr hinterher. Doch sie ist schon verschwunden. Hoffentlich geht alles gut.

Nach einigen Telefonaten gehe ich runter zum Mittagessen. Diese halbe Stunde mit den Kindern ist mir sehr wichtig.

„Bernd, Bernd!", höre ich einige der Kids rufen.

Die meisten kenne ich schon viele Jahre. Ich gehe von Tisch zu Tisch. „Bernd, ich habe 'ne Fünf in Deutsch", erzählt das eine Kind, ein anderes: „Bernd, meine Katze ist krank." Ich höre mir die Sorgen, Probleme, aber auch Freuden der Kinder an.

Rund sechzig bis siebzig Kinder und Jugendliche sitzen heute an den Tischen. Ich kenne fast alle, von vielen auch die Mutter und die Geschwister, selten den Vater. Mir fällt auf, dass heute auch mal wieder viele Erwachsene in der ARCHE essen. Die Sorgen der Menschen werden immer größer. Viele dieser Leute kommen mit Bescheinigungen von Ämtern, doch die werden hier gar nicht verlangt. Die ARCHE steht für alle Menschen offen.

Ich gehe wieder nach oben. Kaum bin ich im Büro, kommt eine Mitarbeiterin des Bezirks zu mir. Wir planen, enger zusammenzuarbeiten. Auch jetzt kommen immer wieder Kinder rein und sagen Hallo. Sie spielen bei uns im Haus die Hauptrolle, sind in allen Büros und Räumen zu jeder Zeit willkommen.

Nachdem die Frau gegangen ist, bereite ich mich auf unsere „Kinderparty" vor. Einmal in der Woche gibt es in allen ARCHEN eine große Party für die Kids. Da wird dann gesungen und gespielt und die Kinder können auch selbst etwas vorführen – was auch immer sie können und gerne zeigen möchten. Um die hundert Kinder sind immer mit dabei.

Um 17:45 Uhr verlassen die Kinder langsam die ARCHE und gehen nach Hause. Die Jugendlichen dürfen noch bis 20:00 Uhr bleiben. Ich genieße die Stille, gehe noch einige Unterlagen durch und fahre dann nach Hause. Ich freue mich auf meine Frau und meine sechs Kinder.

Um 19:30 Uhr muss ich noch einmal nach Berlin-Mitte. Ein Sportverein will uns für unsere Arbeit einen Scheck überreichen. Was wären wir ohne Hilfen wie diese? Staatliche Unterstützung gibt es so gut wie keine.

Gegen 22:30 Uhr bin ich wieder zu Hause. Jetzt noch die Nachrichten und dann ab ins Bett.

Es war ein ausgefüllter Tag.

Eine große Entscheidung

In den 90er-Jahren schien die rechte Szene in Berlin nur so zu boomen. Teenager rasierten sich die Köpfe kahl, tauschten ihre Jeansjacken gegen Bomberjacken und kleideten ihre Füße in sogenannte Knobelbecher (Springerstiefel). Ihr Outfit, das allein schon sehr aggressiv wirkte, sorgte häufig dafür, dass Passanten die Straßenseite wechselten, wenn sie einer solchen Gruppe begegneten. Nicht selten gab es Schlägereien zwischen diesen sogenannten Skinheads und Ausländern. Einige Gegenden von Berlin waren als rechtsradikale Hochburgen bekannt, in denen sich Ausländer nur schlecht ansiedeln konnten.

Es war klar, dass auch wir in der ARCHE früher oder später mit dieser Szene konfrontiert werden würden. Und so kam es auch ...

❖

Ich war gerade damit beschäftigt, in unserem Aufenthaltsraum Klarschiff zu machen. Am Vortag hatten hier noch etwa 50 Kinder und Jugendliche Tischtennis und Billard gespielt, und so sah der Raum auch aus. Erst registrierte ich gar nicht, dass sich noch jemand im Gebäude befand. Doch dann bemerkte ich aus dem

Augenwinkel, dass ein etwa 17-jähriger Jugendlicher mit Glatze und typischer Szenekleidung offensichtlich jeden Raum inspizierte. Er tat zunächst so, als sei ich gar nicht anwesend. Dann kam er auf einmal auf mich zu, bäumte sich vor mir auf und sagte: „Das sieht ja alles ganz gut aus hier. Tischtennis, Kicker, Billardtisch und eine Musikanlage. Das Einzige, das stört, seid ihr!"

Seine Worte hatten einen deutlich aggressiven Unterton. Ich merkte sofort, dass dies kein Spiel war. Umso wichtiger war meine Reaktion. Ich hätte ihn einfach ignorieren und mit meiner Aufräumaktion weitermachen können, doch ich hatte das Gefühl, dass das nicht das Richtige wäre. „Da musst du aber erst einmal an mir vorbei", erwiderte ich schließlich.

Überraschenderweise verließ der Junge das Haus und ich konnte aufatmen.

Nicht einmal 14 Tage später tauchten 50 Skinheads in der ARCHE auf – alle mit finsterem Blick, alle Furcht einflößend. Das Erste, woran ich dachte, waren die Worte, die ich zwei Wochen zuvor zu dem Jugendlichen gesagt hatte. Hatte der jetzt seine Freunde mitgebracht, um sich zu rächen? Ich beschloss, mich nicht einschüchtern zu lassen, und ging auf die Gruppe zu, um jeden Einzelnen mit Handschlag zu begrüßen. Die Jugendlichen waren völlig perplex.

Sie blieben und verhielten sich relativ friedlich. Und sie kamen immer wieder. Zwar versuchten sie hin und wieder, ihre CDs in unsere Musikanlage zu schieben, oder sie provozierten uns mit T-Shirts, auf denen stand: „Odin statt Jesus", aber für unsere Mitarbeiter war es wichtig, dass die jungen Leute merkten, dass wir uns für sie interessierten, ohne sie zu verurteilen.

Mit der Zeit öffneten sich die Jugendlichen immer mehr. Häufig sprachen sie sogar über ihre alltäglichen

Probleme mit uns. Schnell stellte sich heraus, dass einige von ihnen nur deshalb in dieser Gruppe gelandet waren, weil sie vorher Außenseiter gewesen waren. Die einen hatten Probleme in der Schule, die anderen in ihrem Elternhaus – und das hatte sie in eine gewisse Isolation gebracht. Als sie sich dann eine Glatze geschoren hatten und merkten, dass die Menschen die Straßenseite wechselten, fanden sie das cool. Nun wurden sie wenigstens beachtet. Rasch trafen sich Gleichgesinnte und die Gruppe der Skinheads wuchs. Das politische Gedankengut kam später dazu.

Ein junger Mann aus der Gruppe fiel besonders auf. Er war wesentlich aggressiver als die anderen. Er war einer von denjenigen, die zuerst zuschlugen und dann Fragen stellten. Er war einer von denen, die die „Schlachten" bei den Demonstrationen zum 1. Mai anführten. Schon seine Statur wirkte Angst einflößend, aber sein Blick sprach Bände. Wenn er etwas sagte, schwiegen alle um ihn herum. Nur wenige kannten seinen richtigen Namen – er wurde einfach nur „Jäger" genannt.

An einem Abend schnappte ich mir Jäger. Schon zuvor hatte ich immer wieder mal Kontakt zu ihm gesucht und versucht, seine harte Schale zu knacken, doch das war mir nie gelungen. Er hatte mir zwar offen erzählt, wie oft er schon Leute krankenhausreif geschlagen oder wie viele Autos er geknackt hatte, aber näher war ich nie an ihn herangekommen.

Doch an diesem Abend sollte die Wahrheit ans Licht kommen. Ich schaute ihn an und fragte: „Jäger, warum bist du eigentlich so ein harter Knochen?" Meine Frage war provozierend, aber anders kam ich an diesen 20-Jährigen offensichtlich nicht heran.

Schweigen füllte den Raum. Man merkte, wie Jäger mit sich kämpfte.

„Jäger, was hat dich so hart gemacht?“, hakte ich nach.

Leise, fast flüsternd, begann er zu reden: „Als ich 13 war, hatten mein bester Kumpel und ich ein Hobby ...“ Jäger erzählte mir, dass sein Freund und er früher jede freie Minute genutzt hatten, um mit der S-Bahn durch Berlin zu fahren. Aber nicht, um von einer Station zur anderen zu kommen, sondern um zu „surfen“. Für die beiden war es der größte „Kick“, wenn sie beim Fahren die Tür öffneten, um dann auf das Zugdach zu klettern und dort den Fahrtwind und die Herausforderung zu genießen. Mit der Zeit hatten sie richtig Übung darin. Sie kannten jeden Handgriff genau und fühlten sich deshalb sehr sicher.

„Bei einer Fahrt öffnete mein Kumpel die Tür des Zuges, der mit etwa 70 km/h über die Schienen brauste“, erklärte Jäger. „Dann streckte er den Kopf aus der Tür. Im gleichen Momente raste uns auf der Gegenfahrbahn ein anderer Zug entgegen. Er erwischte den Kopf meines Freundes und sein Körper fiel mir in die Arme. Mein Kumpel lag auf mir. Ohne Kopf. Er war tot. Ich war damals 13.“ Jäger erzählte, dass er daraufhin in die Psychiatrie kam. Er ging von einem Psychiater zum nächsten, aber von dem Tag an, an dem sein Freund gestorben war, kam er mit dem Leben nicht mehr klar. „Weißt du, Bernd“, sagte er, „ich war ganz allein damit und sollte das verkraften. Ich habe noch nie mit jemandem darüber gesprochen – bis heute. Jetzt kennst du den Grund, weshalb ich so bin, wie ich bin. Wenn ich jemanden verprügele, dann prügele ich meine ganze Wut raus, aber es hilft nichts.“

Seit diesem Abend unterhielten wir uns immer wieder und nach und nach bauten wir Vertrauen zueinander auf. Einige Wochen später feierten wir einen unserer Gottesdienste, die sicher anders ablaufen, als viele es gewohnt sind. Wir haben uns darauf eingestellt, dass der Großteil unserer Besucher mit dem christlichen Glauben nicht viel am Hut hat. Auch müssen wir Einlasskontrollen organisieren, denn wir wollen keinen Alkohol und keine Waffen in unseren Räumlichkeiten.

Das Thema des Gottesdienstes war „Veränderung" – Veränderung der Einstellung und Veränderung des Lebens. Eine Veränderung des Lebens war auch das, was Jäger brauchte, und so luden wir ihn ein, eine klare Entscheidung zu treffen, sein Leben neu zu überdenken und in aller Öffentlichkeit – also auch vor seinen Freunden – seine Entscheidung zu bekunden. Uns war klar, dass, wenn einer dieser Skinheads aufstehen würde, um vor allen seinen Freunden zu erklären, dass er einen Neuanfang machen wollte, er seine Gruppe anschließend würde verlassen müssen. Und ich zweifelte, ob Jäger dazu bereit war. Doch es geschah etwas, das wir nicht für möglich gehalten hatten: Jäger kam nach vorn und, seinem Beispiel folgend, noch eine ganze Reihe anderer Jugendlicher, um zu zeigen, dass sie mit Gottes Hilfe einen Neuanfang wagen wollten.

Am nächsten Tag waren Jäger und eine andere Schlüsselfigur aus dieser Szene wie vom Erdboden verschluckt. Niemand wusste, wo sie geblieben waren.

Mit den Wochen löste sich die Szene immer mehr auf. Einige der ehemaligen Gruppenmitglieder verließen den Bezirk, andere kleideten sich anders, und die, die weiterhin als Skinheads herumliefen, ließen sich nicht mehr bei uns blicken.

Doch wo war Jäger geblieben? Wir blieben noch einige Monate im Ungewissen, bis wir ein Lebenszeichen erhielten. Nach fast einem Dreivierteljahr traf ich ihn überraschend wieder.

Er erklärte mir, dass er hatte untertauchen müssen. „Die hätten mich umgebracht“, erzählte er. „Ich habe jetzt ein neues Leben angefangen. Jetzt setze ich neue Prioritäten und baue mir einen neuen Freundeskreis auf.“

❖

Als die rechte Gruppe unsere Einrichtung besuchte, hatte ich mir oft gewünscht, dass sie einfach nicht mehr kommen würden. Ich wollte nicht, dass die ARCHE als rechter Club abgestempelt wurde. Doch eine Mitarbeiterin fragte mich in dieser Zeit einmal etwas, das meine Einstellung veränderte: „Wenn sie uns nicht haben, wen haben diese jungen Menschen denn dann?“

Sie hatte recht!

Wir haben etwas im Leben von Jäger verändert, aber die Geschichte von Jäger hat auch etwas in *meinem* Leben geändert.

Liebenswerte Rabauken

Es ist immer wieder schön zu sehen, dass die Kinder, die die ARCHE besuchen, trotz der schwierigen Situation, in der die meisten von ihnen leben, das Lachen nicht ganz verlernt haben. Sie kommen immer wieder auf die verrücktesten Ideen ...

❖

Ich kam eines Nachmittags von einem anstrengenden Termin zurück in die ARCHE. Ich hatte großen Hunger, aber leider hatte die Küche gerade geschlossen und Irmchen, unsere Köchin, war in Eile und musste nach Hause. Pech gehabt.

Als ich in meinem Büro saß, fiel mein Blick auf den großen Schokoladenosterhasen, der schon seit Wochen auf meinem Schreibtisch stand. Sollte er heute dran glauben müssen? Immer wieder „predigen" meine Mitarbeiter und ich den Kindern: „Ernährt euch gesund; viel Obst und Gemüse, alles andere in Maßen" – und jetzt wollte ich einen ganzen Schokoladenhasen auf einmal verputzen.

Plötzlich ging die Tür zu meinem Büro auf und rund zwanzig Kinder stürmten herein. Sie strahlten um die

Wette und riefen: „Wir haben dir einen leckeren Kuchen gebacken, Bernd! Der ist nur für dich!"

Ich freute mich. *Das sind meine Kids,* dachte ich. *Was sind das doch oft für Rabauken und jetzt so eine Überraschung.*

Der Kuchen sah lecker aus. Er war mit Schokoladenguss überzogen und mit bunten Streuseln versehen. Er war noch warm und roch lecker.

Ich nahm mir ein großes Stück und blickte in die Runde. Große Kinderaugen schauten mich an. Sogar der zwölfjährige Jan-Phillip war mit dabei, ein Junge, der oft Stress machte.

Ich bedankte mich noch einmal bei den Kindern und biss ein großes Stück Kuchen ab.

Doch was war das? Der Kuchen schmeckte abscheulich! Salz pur! Mir traten die Tränen in die Augen.

Die Kinder lachten und freuten sich über ihren gelungenen Streich. Selbst einige der Praktikanten hielten sich den Bauch vor Lachen.

Ich stürmte aus dem Büro und rannte in Richtung Toilette, doch die war geschlossen. Ich selbst hatte das Schild in Auftrag gegeben – „Geschlossen wegen Vandalismus".

„Geht nicht, Bernd", hörte ich einen Jungen hinter mir rufen. „Die Toilette ist geschlossen. Du musst die oben benutzen."

Ich rannte durch das halbe Gebäude, die Treppen hoch und ...

Na ja, zehn Minuten später, nachdem ich das Zeug ausgespuckt und eine ganze Flasche Mineralwasser getrunken hatte, ging es mir wieder gut.

Die Kinder hatten ihren Spaß. Noch Tage später sprachen sie mich auf den leckeren, selbst gebackenen Kuchen an.

Eigentlich ein schöner Streich, auch wenn er auf meine Kosten ging.

Einige Wochen später, es war ein heißer Sommertag, sollte Wolfgang dran glauben müssen.

Es war ein Freitag, nach 16 Uhr, und wir saßen zusammen im Büro der ARCHE. Wolfgang hatte später noch einen Termin. Er wollte zusammen mit einem Freund und Unterstützer der ARCHE, einem bekannten Berliner Unternehmer, zu Abend essen. Sie hatten für 18:30 Uhr einen Tisch in einem Restaurant in Berlin-Mitte reserviert. Die Fahrt mit dem Auto würde um diese Zeit rund eine Stunde dauern. Wir wollten also noch einige wichtige Punkte besprechen, und dann musste Wolfgang auch schon los, wenn er nicht zu spät kommen wollte.

Draußen tobten die Kinder und Jugendlichen auf unserem großen Hof, auf dem wir einen kleinen Plastik-Swimming-Pool aufgestellt hatten. „Bernd, Wolfgang, könnt ihr mal rauskommen?", riefen plötzlich zwei der Jugendlichen durchs offene Fenster.

Wir glaubten, irgendetwas sei nicht in Ordnung, also liefen wir sofort raus.

Dann ging alles blitzschnell. Vier kräftige Jungs schnappten sich Wolfgang, nahmen ihm rücksichtsvollerweise das Handy aus der Tasche und warfen ihn dann mit voller Montur in den Pool. Ich hörte ihn noch schreien: „Ich brauche meine Klamotten!", aber da war es schon zu spät. Es spritzte und er saß mitten im Pool.

Das Gelächter war natürlich groß. Wolfgang war klitschnass. 90 Minuten später wollte er in einem noblen Berliner Restaurant sitzen, aber für einen Besuch zu Hause reichte die Zeit nicht mehr.

Was nun? Mir fiel unsere Kleiderkammer ein. Dort haben wir eigentlich nur Klamotten für die Kinder und Jugendlichen, aber die mussten nun eben reichen. Wir fanden eine Dreiviertel-Hose, ein bunt bedrucktes T-Shirt und ein Paar Sportschuhe.

In diesen Sachen sah Wolfgang aus wie ein viel zu spät pubertierender Jugendlicher. Er bekam noch eine Schirmmütze verpasst und ab ging es in Richtung Berlin-Mitte. Der Unternehmer, mit dem er sich traf, war natürlich verwundert über das seltsame Aussehen, aber nachdem Wolfgang ihm erzählt hatte, wie er zu diesem Outfit gekommen war, konnte auch er herzhaft über diesen Streich lachen.

Seit dieser Zeit hat Wolfgang immer Ersatzkleidung im Auto.

Man weiß ja nie.

Kleiner Junge ganz groß

Es ist Montagmorgen, ein warmer Sommertag. Der neunjährige Robert verlässt mit seiner dreijährigen Schwester die kleine unaufgeräumte Drei-Zimmer-Wohnung in einem Plattenbau im Osten Berlins. Er will mit seiner Schwester Anika zum Zahnarzt. Er zieht sie hinter sich her, redet auf sie ein: „Er wird schon nicht bohren. Er guckt nur nach!" Doch die „Kleene" – so nennt er sie – will das nicht so recht glauben.

Robert redet weiter auf sie ein, zieht sie hinter sich her, will in den Aufzug, doch der ist wieder einmal kaputt. Er geht zur Treppe und zieht seine Schwester die vier Stockwerke hinunter.

Anika schreit wie am Spieß. Das Weinen des Mädchens ist mit Sicherheit in den anderen Wohnungen zu hören, doch hier stört das niemanden. Keine Tür geht auf, keiner schaut nach, was los ist. Hier hat jeder seine eigenen Probleme, und davon nicht zu wenige.

Unten angekommen, gehen die beiden zur Tür, vorbei an bemalten und beschmierten Wänden. Draußen bleibt Robert kurz stehen. Man sieht, wie er nachdenkt, wie er überlegt, was zu tun ist, während die kleine Anika weiter nörgelt und weint. Der Zahnarzt hat seine Praxis rund zweieinhalb Kilometer weit entfernt im eigentlichen Zentrum des trostlosen Stadtteils. Wie sollen sie dorthin kommen? Eigentlich bleibt nur die Straßenbahn. Nur wenige Meter vom Block entfernt ist eine Haltestelle. Doch da gibt es ein Problem: Die beiden Kinder haben kein Geld für einen Fahrschein. Anika ist drei Jahre alt und darf noch umsonst fahren, das gilt aber nicht für ihren älteren Bruder. Doch der beißt die Zähne zusammen und zieht seine Schwester in die Bahn.

Es ist nicht das erste Mal, dass Robert schwarzfährt. In der Vergangenheit ging es hin und wieder gut; dann haben die Kontrolleure ihm geglaubt, dass er erst sechs Jahre alt sei. Doch schon rund dreißig Mal wurde Robert beim Schwarzfahren erwischt und den Berliner Verkehrsbetrieben gemeldet. Heute geht aber alles gut. Keine Kontrolle und die „Kleene" hat sich inzwischen auch beruhigt.

Fünfzehn Minuten später sitzen sie in der Praxis und die erste Hürde des Tages ist gemeistert.

❖

Robert hat drei Geschwister, die alle jünger sind als er, und um die muss er sich kümmern. Roberts Vater ist schon lange weg, genauso wie der Vater der anderen drei. Deshalb leben die Kinder allein mit der Mutter.

Die arbeitslose Frau ist noch keine 40 und doch ist das Leben für sie praktisch schon vorbei. Sie sitzt tagsüber in der Wohnung und raucht eine Zigarette nach der anderen, während der Fernseher pausenlos läuft. Der Kühlschrank ist leer, regelmäßige Mahlzeiten gibt es nicht.

Robert ist für seine Geschwister eine Art Vaterersatz. Er, als der „Mann" in der Familie, muss sich mit seinen neun Jahren um sie kümmern. Arztbesuche, einkaufen, die Kleinen in die Kita bringen – all das sind Roberts Aufgaben. Und natürlich muss er auch noch in die Schule. Doch da ist er oft viel zu müde, um aufzupassen. Während des Unterrichts holt der Junge oft seinen Schlaf nach – und die Lehrerin lässt ihn. Robert hat deshalb natürlich große Wissenslücken, und es ist fraglich, ob er die jemals wieder wird auffüllen können.

Robert kommt seit drei Jahren zu uns in die ARCHE. Da er nur schwer Kontakt zu gleichaltrigen Kindern findet, ist er häufig bei mir im Büro oder bei einem meiner Mitarbeiter. Er will das Telefon abnehmen oder Besucher durch die ARCHE führen – einfach mitarbeiten. Er hat verlernt, Kind zu sein.

Ich fragte ihn einmal: „Was macht du so eigentlich am Abend zu Hause?"

Seine Antwort lautete: „Wenn die Kinder im Bett sind, dann spiele ich manchmal, wenn Mama Lust hat, ‚Mensch ärgere dich nicht' mit ihr."

Diese Antwort erschreckte mich. Ein neunjähriger Junge spricht von seinen nicht wesentlich jüngeren Geschwistern als von „den Kindern". Er sieht sich selbst bereits als einen kleinen Erwachsenen.

Einmal – es war im Frühling – fand ich den Jungen bitterlich weinend in der ARCHE vor. Er erzählte mir, dass seine Mutter ihn nicht zu Hause haben wolle, weil sie Besuch habe, und dass sie ihn zu einer Tante geschickt habe, die er nicht besonders mochte. Ich lud ihn in mein Auto und fuhr mit ihm gemeinsam zur Mutter. Als ich meinen Wagen auf dem Parkplatz vor der Mietskaserne abgestellt hatte, weigerte Robert sich auszusteigen. Erst weinte er nur, dann schrie er. Er wollte meinen Wagen partout nicht verlassen.

Dieses Mal zeigten sich Nachbarn an den Fernstern. Sie wollten sehen, was da los war. Nur die Mutter ließ sich nicht blicken. Irgendwann ging die Haustür auf und zwei von Roberts kleineren Geschwistern kamen – trotz der kühlen Temperaturen nur mit einem offenen Bademantel bekleidet – zum Auto gelaufen.

Es dauerte rund 20 Minuten, bis sich Robert beruhigt hatte. Die Mutter hatte sich bis zu diesem Zeitpunkt noch immer nicht gezeigt. Ich brachte den Jungen nach oben, wollte mit der Frau reden, doch die hatte Besuch und daher keine Zeit.

Auf die Frage, ob er glücklich sei, antwortete Robert einmal: „Manchmal ja, manchmal nein."

Er liebt seine Mama, doch manchmal will er einfach nicht nach Hause. Dann betrachtet er die ARCHE als sein Zuhause. Das erschreckt mich sehr.

Wir fragten Robert einmal, warum er nicht gerne zu Hause sei. Die Antwort war für uns alle schockierend. Wenn sein Stiefvater, der Vater seiner drei Geschwister, da sei, erklärte er, dann müsse er oft stundenlang in der Ecke stehen, manchmal bekomme er auch Schläge mit dem Schlappen.

Kürzlich mussten wir Robert mithilfe des Jugendamtes aus seiner Familie holen. Der Stiefvater hatte versucht, ihn mit heißem Kaffee zu übergießen.

Was für Qualen musste dieser Junge schon erleiden?

Das Jugendamt betreut Roberts Familie nun seit einiger Zeit besonders intensiv, wenn Roberts Stiefvater zu Besuch ist. Oft schon waren meine Mitarbeiter und ich bei Robert und seiner Familie zu Hause. Wir haben dann stundenlange Gespräche geführt – mit der Mutter und mit dem Vater von Roberts Geschwistern.

Immer wieder hat der Stiefvater des Jungen Gewaltausbrüche und dementsprechend groß ist Roberts

Angst vor dem Mann. Was muss er in dem Kind schon alles zerstört haben?

Roberts Mutter hat nur wenige Jahre eine Schule besucht. Eine bezahlte Arbeit hat sie nie gefunden. Heute träumt sie manchmal von einer zweiten Chance. Sie sagt, sie würde gerne noch einmal ihre Kindheit neu erleben und dann versuchen, mehr aus ihrem Leben zu machen, doch in Wirklichkeit hat sie schon längst aufgegeben.

Haben Robert und seine Geschwister eine Chance auf ein besseres Leben? Robert hat kaum Kontakte zu gleichaltrigen Kindern. Die Mutter hat kein Geld für einen Sportverein oder gar für Musik- oder Nachhilfeunterricht. Der Junge kann nicht einmal raus aus seinem Bezirk, denn auch dafür fehlt das Geld. Es ist noch nicht lange her, da haben wir ihm ein wenig von der Stadt gezeigt: das Brandenburger Tor, die Friedrichstraße, Unter den Linden und das Regierungsviertel. Wir waren mit ihm Pizza und Eis essen, danach haben wir uns eine Zirkusvorstellung angeschaut. Das waren für ihn Höhepunkte, Momente des Glücks. Hin und wieder fährt Robert mit anderen Kindern aus der ARCHE in ein Feriencamp. Dann kann er – zumindest für eine gewisse Zeit – vergessen, was sein Kinderherz belastet. Wenn man dann in die Augen dieses Kindes sieht, dann weiß man, dass es eine Hoffnung auf eine bessere Zukunft gibt, und wir werden alles in unserer Macht Stehende tun, dass er auf diese Zukunft zusteuern kann.

Robert ist ein kleiner Erwachsener. Er muss ständig für seine Geschwister da sein. Wenn er mit seiner dreijährigen Schwester in die ARCHE kommt, dann kümmern sich unsere Mitarbeiter um die Kleine, und wir versuchen, Robert wieder beizubringen, selbst Kind zu sein.

Auch wenn es Robert noch schwerfällt, zusammen mit anderen Kindern zu spielen, weil er es einfach nicht gewohnt ist, so sind wir doch froh, dass er weiß, dass er jemanden hat, der an seiner Seite steht. Als Robert einmal bei uns im Haus von einer Journalistin gefragt wurde, ob er denn auch einen guten Freund habe, antwortete er: „Ja, Jesus, der ist mein Freund."

Robert kommt aus einer nichtchristlichen Familie und hat das erste Mal in der ARCHE in einer Kinderbibel gelesen.

Eine besondere Weihnachtsfeier

Vor drei Jahren wurden die Kinder aus der ARCHE von dem Besitzer eines großen Berliner Luxushotels eingeladen, am Nikolaustag in eben diesem Hotel Weihnachten zu feiern.

Der damalige Hertha BSC-Trainer Falko Götz und die Sat.1-Moderatorin Bettina Cramer (die übrigens beide hinterher ARCHE-Botschafter wurden) sollten da sein, um die Veranstaltung zu moderieren. Ein Zauberer würde ein paar Tricks vorführen und der Popsänger Ayman würde singen. Außerdem sollte „der Nikolaus" kommen. Das bedeutete natürlich, dass es Geschenke geben würde. Auch einige der Kinder selbst sollten auftreten, singen oder auch ein kleines Theaterstück spielen. Es versprach also, ein aufregender Nachmittag zu werden.

Die Kinder fieberten dem Ereignis entgegen. Viele von ihnen würden für dieses Ereignis zum ersten Mal in ihrem Leben aus dem Stadtbezirk, in dem sie wohnten, herauskommen. Es ist kaum zu glauben, aber die Stadt Berlin ist für viele der Kinder fremd. Sie kennen ihren Bezirk, und den verlassen sie so gut wie nie. Hier geht Mama einkaufen, hier verbringen sie die Ferien, hier findet ihr Leben statt.

Die Weihnachtsfeier war natürlich schon Wochen vor dem großen Tag ständiges Gesprächsthema. Immer wieder wurden wir gefragt: „Wie oft müssen wir noch schlafen?", „Wie lange fahren wir mit dem Bus?" und: „Ist das noch in Berlin, wo wir dann sind?"

Endlich war der Tag gekommen. Wie bestellt, fielen die ersten Schneeflocken vom Himmel, als mehrere Busse auf den Hof rollten, um die Kinder abzuholen. Der Lärm, den die Kids veranstalteten, war unvorstellbar. Wie sollte das nur gut gehen? Wie würden die Mitarbeiter des Hotels und die anderen Gäste reagieren, wenn unsere Kinder dort einmarschierten?

Na ja, die vom Hotel wussten ja wohl, worauf sie sich da eingelassen hatten.

Ich setzte mich in den ersten Bus und lehnte mich im Sitz zurück. Kurz darauf ging es auch schon los.

Wir fuhren über die Landsberger Allee, vorbei an Plattenbauten, dann Alexanderplatz, Unter den Linden, Brandenburger Tor, Siegessäule ... Ca. eine Stunde brauchten wir für die Fahrt vom Osten der Stadt bis zum Hotel in der Nähe der Gedächtniskirche.

Als wir ankamen, waren die Kids kaum zu halten. Sie liefen in das Gebäude und rannten wie die Wilden die Treppen hoch. Ein Geschäftsmann musste sich mit einem flinken Sprung an die Seite in Sicherheit bringen.

Das ging ja gut los.

Zielstrebig fanden die Kinder den Saal und in wenigen Minuten war der festlich geschmückte Raum mit rund 150 Kindern gefüllt. Es konnte losgehen.

❖

Es war ein großartiger Nachmittag. Das Essen war top. Es gab alles, was das Kinderherz bzw. der Kindermagen begehrt: Nudeln, Fischstäbchen, Buletten und viele andere leckere Dinge aus der Küche des Hotels.

Falko Götz ließ sich mit den Kindern fotografieren und gab Autogramme. Dann eine Überraschung: Einige Schauspieler einer bekannten Fernseh-Serie aus Berlin kamen auf die kleine Bühne und erzählten von ihren Dreharbeiten. Unsere Kinder konnten ihnen Fragen stellen. Ich staunte über das Talent so manchen Kindes – wie kleine Journalisten kamen sie mir vor.

Etwas später sang Ayman seinen Hit. Die Kinder sahen richtig glücklich aus.

Dann kam der ARCHE-Chor an die Reihe. Wie Profis meisterten die kleinen Sängerinnen und Sänger ihren Auftritt.

Es gab noch viele weitere kleine Höhepunkte, bis zwei Stunden später der Nikolaus die Geschenke brachte. Eine bekannte Firma hatte die Geschenke gestiftet und die Freude bei den Kindern war riesig.

Die Feier war rundum gelungen. Tage wie diesen vergessen die meisten unserer Kinder und Jugendlichen nie. Es ist eine kleine Abwechslung in ihrem sonst recht trostlosen Leben. Sie kommen raus aus ihrem Bezirk, können ein bisschen Luft der großen weiten Welt schnuppern.

Auf der Rückfahrt dachte ich lange nach. Viele unserer Kids haben auf der Feier nicht nur ihr Geschenk abgeholt. Sie haben nicht nur gut und lecker gegessen oder getrunken. Nein, viele von ihnen haben heute auch etwas gelernt, so hoffte ich.

Falko Götz hatte ihnen von seiner Arbeit als Trainer erzählt. Er hatte ihnen gesagt, dass man für den Erfolg hart arbeiten muss, dass es sich aber lohnt zu kämpfen und dass keinem Fußballspieler alles in den Schoß fällt.

Die Schauspieler hatten ihnen erzählt, wie schwierig der Weg bis vor die Kamera war. „Ich musste viel dafür lernen – auch in der Schule", hatte eine der Darstellerinnen erzählt.

Bettina Cramer hatte von ihrer Zeit in der Schule und vom Studium berichtet, von einer harten Lehrzeit.

Und Ayman hatte gestanden, dass er schon seit längerer Zeit auf seinen zweiten großen Hit wartete. „Auch der kommt nicht von allein", hatte er den Kindern erzählt.

Sie hatten hoffentlich gelernt, dass sie zwar Talente und Chancen hatten, aber hart lernen und arbeiten mussten, bevor sie erste kleine Erfolgserlebnisse verbuchen konnten.

Als wir vor der ARCHE ankamen, beobachtete ich die vielen Kinder, die aus den Bussen stiegen. Ich fragte mich: *Kann ein Land wie das unsere auf diese Kinder mit ihren vielen Talenten verzichten?* Ich meine, nein.

Wir wollen sie auf ihrem Weg unterstützen. Und wir werden alles dafür tun, dass sie zur Schule gehen und lernen und dass sie einen Ausbildungsplatz bekommen.

Kein hoffnungsloser Fall

Peter war 14 Jahre alt, als er zum ersten Mal in die ARCHE kam. Er wohnte damals mit seiner alleinerziehenden Mutter, seiner Schwester und seinem Bruder schräg gegenüber von der ARCHE. Die Mutter verdiente ihren Lebensunterhalt durch Gelegenheitsjobs und bekam, weil das kleine Gehalt nicht ausreichte, ergänzende Sozialhilfe.

Peter kam jeden Tag in die ARCHE, meist mit einigen Freunden im Schlepptau.

Er war ein sehr verhaltensauffälliger Junge. Wo er auftauchte, ging immer irgendetwas zu Bruch: ein Tischtennisschläger, die Wanduhr, die Garderobe, ein Teller, ein Stuhl – vor Peter war einfach nichts sicher. Ständig randalierte er; er trat gegen Türen oder warf irgendwelche Gegenstände gegen die Fensterscheiben.

Wie seine Geschwister besuchte Peter die Sonderschule. Da er sich den Klassenordnungen jedoch nicht unterordnen konnte, musste er immer wieder die Schule wechseln. Er konnte nicht richtig schreiben und lesen. Alle Bemühungen, ihn schulisch weiterzubringen, schlugen fehl. Schule war für Peter ein rotes Tuch.

Irgendwann erfuhren wir, was mit Peters Familie los war ...

❖

Peters Vater war Alkoholiker. Er trank manchmal so viel, dass er sich komplett vergaß und in seinem Suff auf seine ganze Familie einschlug. Er machte weder Halt vor seiner Frau noch vor Peters kleinerem Bruder.

Irgendwann geschah das Unfassbare:

Der Mann hatte wieder einmal viel zu viel Alkohol getrunken. Es kam zum Streit mit seiner Frau, und er fing an, auf sie einzuschlagen. Die Schläge waren so heftig, dass die Mutter sich taumelnd auf einen Stuhl retten musste, um nicht ihr Gleichgewicht zu verlieren. Während die Mutter versuchte, wieder zu Kräften zu kommen, hatte der Vater aus dem Keller einen Benzinkanister geholt. Er übergoss seine Frau mit dem Inhalt des Kanisters und entzündete ein Streichholz.

Peters Geschwister hatten sich schon längst weinend in ihr Zimmer verkrochen, doch er selbst stand die ganze Zeit unmittelbar daneben und wurde Zeuge des Geschehens. Seine Mutter schrie um Hilfe, doch er war wie gelähmt. Er stand unter Schock. Er musste zusehen, wie sein Vater seine Mutter in Brand steckte. Tränen rollten über seine Wangen.

Durch das wütende Brüllen des Vaters aufmerksam geworden, alarmierten die Nachbarn die Polizei, Rettungswagen und Feuerwehr. Peters Mutter kam ins Krankenhaus und überlebte mit schweren Verbrennungen den Mordversuch ihres Mannes, der für diese Tat verurteilt wurde und ins Gefängnis kam.

Doch auch Peter trug Verletzungen davon. Verletzungen an seiner Seele.

Der Junge war damals sechs Jahre alt. Die unbeschreiblichen Ereignisse dieses Tages haben ihn und sein Verhalten geprägt.

❖

Wenn man eine solche Lebensgeschichte kennt, wird das Verständnis für einen auffälligen Teenager größer, ebenso wie die Hoffnung, dass alles, was man an Geduld und Liebe in diesen Jungen investiert, Früchte trägt und ihn auf einen guten Weg bringt.

Natalia, eine unserer Mitarbeiterinnen, kümmerte sich ganz besonders um Peter. Sie fing an, ihm Geschichten aus der Bibel vorzulesen. Der Junge konnte zunächst nicht viel mit den Geschichten anfangen, weil er vorher nie mit dem christlichen Glauben in Kontakt gekommen war, doch das, was er da hörte, klang hoffnungsvoll. Nach und nach wuchs sein Interesse, und er wünschte sich, die Geschichten, die er vorgelesen bekam, selbst lesen zu können, und so begann er zu lernen.

Peter veränderte sich in dieser Zeit, er fand neue Freunde, randalierte nicht mehr so häufig und seine schulischen Leistungen besserten sich.

Peter entwickelte sich großartig. Als 17-Jähriger gründete er mit seinem Freund eine Hip-Hop-Band. Sie rappten zu selbst geschriebenen Texten, die aus ihren Herzen sprudelten. Ein paar Jahre später zog er von zu Hause aus. Er verließ den Bezirk, den er seit frühester Kindheit kannte und in dem sich seine Probleme einst geballt hatten, und zog in eine Studenten-Wohngemeinschaft.

Im Januar 2007 klingelte mein Telefon. Peter war am anderen Ende der Leitung. Wir hatten uns in den vergangenen Monaten nur unregelmäßig gesehen. Schließlich wohnte er nun in einem anderen Teil von Berlin und besuchte uns nur noch selten, aber das war nicht schlimm, schließlich ging es ihm gut.

Er klang fröhlich. „Bernd, ich wollte dir nur sagen, dass ich die Chance habe, mein Abitur zu machen. Die Schule hat mich angenommen, und ich wollte dir und der ARCHE Danke sagen für all das, was ihr für mich getan habt."

Niemand konnte es sehen, aber mir rollte eine Träne über die Wange. Ich war glücklich. Glücklich für ihn. Er hatte es geschafft. Er war inzwischen 21 Jahre alt und er hatte eine Perspektive für die Zukunft! Die Erlebnisse der Vergangenheit hätten ihn erdrücken können, aber sein Potenzial war geweckt und gefördert worden.

Peter ist ein Beispiel für viele Kinder, die viel zu schnell als hoffnungslose Fälle abgestempelt werden. Er arbeitet heute ehrenamtlich in der ARCHE mit. Einmal pro Woche gibt er den Kindern Breakdance-Unterricht, und er ermutigt sie, etwas aus ihrem Leben zu machen. Er gibt die Nächstenliebe, die er selbst erfahren hat, nun an andere Kinder weiter.

Hunger gestillt

Es war ein wunderschöner Samstagmorgen. Zusammen mit meiner Frau flanierte ich über die Friedrichstraße. Zum ersten Mal seit drei, vier Wochen hatte ich das ganze Wochenende frei und wir freuten uns auf einen Kaffee im Café Einstein.

Damals wohnten wir noch in einer Wohnung im Gebäude der ARCHE. Das hatte Vorteile, aber auch Nachteile, war ich dort doch praktisch vierundzwanzig Stunden lang der Ansprechpartner der Kinder und Jugendlichen. Oft klingelten gerade die jüngeren Kinder an den Wochenenden an unserer Haustür und fragten, ob sie uns besuchen dürften. Manchmal platzte unser Wohnzimmer aus allen Nähten. Auch die Jugendlichen kamen mit ihren Problemen zu mir, oft noch nach Mitternacht. Für viele der jungen Menschen war die ARCHE auch so etwas wie ein Zufluchtsort, zum Beispiel wenn sie etwas angestellt hatten oder ihre Familie verlassen mussten. Und Streit gab es fast täglich. Doch für heute hatte ich mir eine Auszeit genommen.

Wir standen gerade vor einem Autohaus an der Kreuzung Unter den Linden/Friedrichstraße und ich bestaunte ein Luxusauto italienischer Herkunft. Wie gerne würde ich den einmal fahren! Ich gebe es ja zu, für schöne Autos habe ich eine Schwäche.

In dem Moment hörte und spürte ich mein Handy in meiner Jackentasche. Samstags und sonntags ist die ARCHE geschlossen. Auch die Eltern sollen ein Stück Verantwortung für ihre Kinder übernehmen und die Erziehung ihrer Kinder nicht allein auf die ARCHE abschieben. Die eingehenden Anrufe werden aber abwechselnd auf die Handys der verantwortlichen Mitarbeiter umgeleitet. Doch ich hatte vergessen, meins für heute mal auszuschalten. Jetzt war es dafür zu spät.

Die Anruferin kannte ich nicht. Sie sprach mit russischem Akzent und klang verzweifelt. „Herr Pastor, meine drei Kinder haben seit gestern schon nichts mehr gegessen. Ich habe nichts, was ich ihnen geben könnte. Können Sie mir helfen? Mein Baby schreit ohne Unterbrechung."

Ich war geschockt.

Sie erzählte mir mehr von sich. Sie kam aus Russland, doch nachdem sie sich von ihrem Mann, dem Vater der Kinder, getrennt hatte, war sie nach Deutschland gekommen. Hier hatte sie einen anderen Mann kennengelernt und war mit ihm ein Verhältnis eingegangen. Als sie von ihm schwanger geworden war, hatte der sie jedoch sitzen lassen. Sie lebte von der Sozialhilfe, aber irgendwie hatte es in diesem Monat mit dem Geld nicht geklappt und seit drei Tagen sei ihr Geldbeutel leer. Alles habe sie versucht, meinte sie. Sie sei „beim Amt" gewesen, was immer sie damit auch meinte, sie hatte wohl auch bei verschiedenen Kirchengemeinden „angeschellt" – und nichts bekommen. Im Krankenhaus habe man ihr gesagt, man könne erst dann etwas für sie tun, wenn eins der Kinder kollabiere. Dann erst könnten sie den Notarzt rufen.

War es wirklich so, wie sie es mir schilderte?

Dann hörte ich im Hintergrund ein Baby schreien. Ich notierte mir die Telefonnummer der Frau und rief meine Tochter zu Hause an. Sie und ihre Geschwister sollten ein Lebensmittelpaket packen und es zu der Frau bringen. „Packt großzügig, auch für ein Baby!", rief meine Frau über meine Schulter in den Hörer.

Zwei Stunden später meldete sich die Frau erneut und bedankte sich für die Sachen, die zu ihr gebracht worden waren.

Sie weinte. Das beschämte mich zutiefst.

Oft frage ich mich in solchen Momenten, ob ich auch das Richtige gemacht habe. Verlierer solcher Situationen sind hier immer die Kinder. Sie können für die Situation der Mutter nichts. Sie aber müssen leiden. Ein Baby mitten in Deutschland, das seit mehr als 24 Stunden nichts zu essen bekommen hat. Wer hätte geglaubt, dass es so etwas gibt ...

Kinderparty

Farbige Luftschlangen, große Plakate und bunte Luftballons schmückten den großen Veranstaltungsraum.

Heute fand die Kinderparty statt, das Ereignis, auf das alle Kinder in der ARCHE immer schon die ganze Woche über warten. Bei der wöchentlichen Party wird zuerst gesungen, dann gibt es Spiele in Form von Wettkämpfen, bei denen die Kinder auch Preise gewinnen können, es werden spannende Geschichten erzählt und Theaterstücke aufgeführt. Aber die Kinder werden auch selbst zu Akteuren, indem sie zum Beispiel Lieder vortragen, die sie im Chor gelernt haben, oder einen einstudierten Tanz vorführen. Es ist im Grunde eine 90-minütige Mitmach-Show, die das Selbstwertgefühl der Kinder stärken und ihnen Erfolgserlebnisse vermitteln soll. Aber auch für mich ist jede Kinderparty ein besonderes Erlebnis.

Die Kinderparty ist so alt wie die ARCHE und hat nie an Attraktivität verloren. Den ganzen Vormittag über sind unsere Mitarbeiter jedes Mal mit den Vorbereitungen beschäftigt. Jede Party steht unter einem bestimmten Motto, das mit dem Leben der Kids zu tun hat. Hier muss dann alles stimmen: die Moderation, die Technik, die Spielabläufe; selbst die Pausen werden geplant.

Endlich war es so weit. Der Countdown lief: „Fünf – vier – drei – zwei – eins – null!“, riefen die Kids. Die Kinderparty startete mit viel Lärm, denn die über hundert Kinder, die gekommen waren, hielt es nicht mehr auf den Stühlen. Gemeinsam sangen sie die Lieder, deren Texte sie nicht einmal mehr von der Leinwand ablesen mussten, da sie ihnen schon längst in Fleisch und Blut übergegangen waren. Auch bei den Spielen sah man den Kids ihre Freude an. Es ist erstaunlich, wie viel Ausdauer und Kraft in Kindern steckt, die ihre Mannschaft anfeuern oder selbst ein Spiel bestreiten.

Nachdem der Spielpart zu Ende war, wurde es ruhiger; so ruhig, dass man eine Stecknadel hätte fallen hören können. Eine unserer Mitarbeiterinnen erzählte eine Geschichte von einem Vater, der seinem Kind das Leben rettete. Gebannt hingen die kleinen Zuhörer an ihren Lippen. Nur der kleine Tom neben mir konnte nicht mehr weiter zuhören. Er flüsterte mir ins Ohr: „Mein Vater ist ganz anders. Er hat mich verlassen, nachdem er meine Mutter verprügelt hat. Seitdem hat er schon oft angerufen und gesagt, er würde in Zukunft alles besser machen. Er wollte mit mir in den Urlaub fahren, in den Zoo, eine Dampferfahrt mit mir machen und mir ein Fahrrad kaufen. Er hat seine Versprechen alle nicht gehalten.“

Ich nahm den kleinen Tom in den Arm.

Es kommt nicht selten vor, dass die Kinder auf die Geschichten, die sie während der Kinderparty hören, so reagieren wie Tom. Sie brauchen nur einen Anlass und dann sprechen sie über ihre Probleme und teilen uns ihr Leid mit. Sie wollen einfach nur loswerden, was ihnen auf dem Herzen brennt. Manchmal fragen sie uns aber auch, ob wir zum Beispiel für ihre Mama beten können, der es gerade nicht gut geht. Es ist gut für die Kinder, wenn sie mal Gelegenheit haben, sich mitzuteilen, aus sich herauszukommen. Das hilft ihnen dabei, mit den Dingen, die sie belasten, besser klarzukommen und sie zu verarbeiten. Und erst wenn wir von den konkreten Problemen hören, können wir auch versuchen zu helfen. In vielen Jahren intensiver „Beziehungsarbeit“ ist es unseren Mitarbeitern gelungen, das Vertrauen der Eltern zu gewinnen, sodass viele von ihnen sich auch helfen lassen wollen und bereit sind, gemeinsam mit uns Lösungen für ihre Probleme zu erarbeiten.

Die heutige Kinderparty ist schon wieder fast vorbei, es fehlt nur noch die Bekanntgabe der Gruppengewinner und die Verlosung. Die gesammelten Punkte der Gruppen werden zusammengezählt und die Siegermannschaft ermittelt. Die Gewinner bekommen einen Lutscher und die Verlierer, die es bei uns nicht gibt, ein Bonbon.

Ein langer, aber schöner Tag geht zu Ende.

Für mich bedeutet das Feierabend, wenn ich nicht gerade noch einen Abendtermin habe ...

24-Stunden-Dienst

Die Haupteingangstür war während unserer Vorstandssitzung, die dieses Mal bis 22:00 Uhr dauerte, nicht geschlossen. Wahrscheinlich hatte jeder gedacht, irgendein anderer hätte die Tür schon zugemacht.

Nach einem so langen Arbeitstag waren alle froh, endlich nach Hause fahren zu können, um noch etwas Zeit mit dem Partner oder der Partnerin zu verbringen. Nachdem alle fort waren, schloss ich die Tür schließlich ab. Plötzlich hörte ich Schritte. Ich schaltete das Licht wieder an und sah einen etwa 15-jährigen Jugendlichen im Flur auf- und abgehen.

„Hey, was suchst du denn noch hier?", fragte ich ihn. Ich kannte ihn nicht, also konnte er kein regelmäßiger Besucher sein.

„Ich weiß auch nicht", lautete seine Antwort. „Ich weiß nicht, wohin ich soll." Dann erzählte er mir von seiner Mutter, die sich einige Jahre zuvor von ihrem Mann getrennt hatte. Seitdem waren Mutter und Sohn allein. Jetzt hatte sie einen neuen Lebenspartner gefunden. Jemanden, bei dem sich auch sie einmal anlehnen konnte und durfte, statt immer nur geben zu müssen.

Das Verhältnis zwischen dem Jungen und dem Lebensgefährten der Mutter war nicht besonders gut. An diesem Abend nun war die Situation eskaliert und der Freund der Mutter hatte die Frau vor die Wahl gestellt: „Entweder dein Sohn geht oder ich bin weg!"

„Mama hat sich entschieden", schloss der Junge seine Erzählung. „Ich musste gehen."

Da stand dieser 15-jährige Jugendliche mit Tränen in den Augen vor mir. Er hatte kein Dach über dem Kopf, war einsam und von allen verlassen. Zu seinen Freunden wollte er nicht; ihm war die Entscheidung der Mutter, von der er ihnen dann hätte erzählen müssen, einfach zu peinlich.

Doch wie sollte es jetzt weitergehen? Wir als Jugendeinrichtung durften keine Kinder über Nacht aufnehmen. Das Jugendamt hatte aber um diese Uhrzeit schon geschlossen, und so war ein Vorsprechen und ein Einweisen des Amtes nicht möglich. Ich nahm den Telefonhörer in die Hand und rief bei der Kriseneinrichtung an, einer Institution, die Kinder aufnimmt, die von zu Hause weggelaufen sind oder aus ihren Familien genommen werden. Ich schilderte der diensthabenden Sozialpädagogin die Situation in der Hoffnung, dass der Junge einfach und unkompliziert in der Einrichtung, die nur wenige Straßen von uns entfernt war, unterkommen konnte.

Doch die Sozialarbeiterin raubte mir meine Illusion. „Er braucht zuerst eine Einweisung und eine Kostenübernahme", erklärte sie. Sie sagte, er müsse zuerst nach Charlottenburg zum Jugendnotdienst, dort bekäme er die nötigen Unterlagen, und im Idealfall könne er dort über Nacht bleiben, um am nächsten Tag in die Kriseneinrichtung überschrieben zu werden, ansonsten würde er sofort zu ihnen gebracht werden.

Unsere Einrichtung liegt im östlichsten Berliner Bezirk, direkt am Stadtrand zum Land Brandenburg.

Charlottenburg ist etwa 20 Kilometer von der ARCHE entfernt, doch die Frau meinte es ernst.

Nachdem ich den Hörer wütend aufgelegt hatte, kehrte ich zu dem Jungen zurück und schilderte ihm die Lage.

Verständlicherweise war er nicht begeistert. Zuerst war er zu Hause rausgeworfen worden, und jetzt das. Er war am Boden zerstört, fühlte sich mit Füßen getreten.

Ich holte meine Jacke, damit ich den Jungen gleich nach Charlottenburg fahren konnte. Als ich zurückkam, war er verschwunden.

Zwei Enttäuschungen an einem Tag waren ihm offensichtlich zu viel.

Ich habe ihn nie wiedergesehen, aber er ist mir in Erinnerung geblieben. Doch er ist nur einer von vielen, für die sich unser System ändern müsste. Einer von Hunderten, die auch nach 18:00 Uhr Ansprechpartner und Vertrauenspersonen brauchen, denn davon gibt es in unserem Land leider viel zu wenige.

Es kommt immer wieder vor, dass Kinder, die wir von der ARCHE kennen, wenn sie Ärger mit den Eltern haben, einfach von zu Hause weglaufen. Manchmal scheint es fast so, als entstünden die Streitigkeiten, die die Kinder aus den Wohnungen ihrer Eltern treiben, vor allem abends oder nachts – zu einer Zeit, zu der sie auch sonst nirgendwo willkommen sind. Sie befinden sich dann in der gleichen Situation wie dieser Jugendliche. Wohin sollen sie gehen? Die Jugendämter haben ab einer bestimmten Uhrzeit geschlossen und die Polizei als Ansprechpartner ist dann nur die allerletzte Lösung. Von der Existenz von „Sorgentelefonen“ wissen sie häufig nichts, oder ihnen fehlt das nötige Vertrauen, um dort anzurufen.

Aus diesem Grund sind einige unserer Mitarbeiter rund um die Uhr erreichbar. Die Kinder und Jugendlichen haben die Mobilfunknummern, und so kommt es oft vor, dass Kinder, die von zu Hause weglaufen oder Probleme mit ihren Eltern haben, uns anrufen oder direkt zu uns kommen – egal, wie spät es ist. Hierdurch war es glücklicherweise schon oft möglich, Kindern aus scheinbar aussichtslosen Krisen herauszuhelfen.

DIE
ARCHE

DIE ARCHE STELLT SICH VOR

Das Kinder- und Jugendzentrum „Die ARCHE“ wurde 1995 in Berlin gegründet. Träger des Zentrums ist das christliche Kinder- und Jugendwerk e. V. Ziel des Vereins ist es, Kinder von der Straße zu holen, sinnvolle Freizeitmöglichkeiten zu bieten und gegen soziale Not anzugehen sowie Kinder wieder in den Mittelpunkt der Gesellschaft zu stellen.

Zurzeit betreut die ARCHE allein in ihrem „Haupthaus“ in Berlin-Hellersdorf täglich bis zu 300 Kinder und Jugendliche in offenen und festen Freizeitangeboten. Hierzu gehören zum Beispiel Hausaufgabenhilfe, diverse Spiele, einmal im Monat eine Kindergeburtstagsparty, ein Tanzworkshop sowie verschiedenste Sportangebote. Außerdem gibt es regelmäßige Freizeitcamps, die es auch sozial benachteiligten Kindern ermöglichen sollen, einmal in die Ferien zu fahren. Die Kinder kommen ebenfalls in die ARCHE, um eine warme, vollwertige und vor allem kostenlose Mahlzeit zu sich zu nehmen. Die Aufgaben, die der Verein übernommen hat, kann er nur mit Unterstützung der Bevölkerung bewältigen. Die ARCHE finanziert sich daher zu fast 100 Prozent aus Spendengeldern. Um die nötige Aufmerksamkeit zu erreichen, macht der Verein auf die Situation der sozial schwachen Kinder in Deutschland aufmerksam, nennt Ursachen und Missstände, sucht Verantwortliche und

Partner in der Politik und tritt selbst als „Experte“ auf – aufgrund von Erfahrungen auf diesem Gebiet. Ganz nach dem Leitmotiv „Prävention statt Reaktion“.

2005 erhielt der Leiter und Gründer der ARCHE, Bernd Siggelkow, den „Verdienstorden des Landes Berlin“ und auch die ARCHE selbst wurde durch die „Internationale Liga für Menschenrechte“ mit der „Carl-von-Ossietzky-Medaille“ gewürdigt. Ziel und Vision des Vereins „Die ARCHE“ ist es, im gesamten Bundesgebiet „ARCHEN“ als feste Institution zu „verankern“. Denn die Armut, besonders bei den Kindern in unserer Gesellschaft, nimmt immer weiter zu. Helfen Sie zu helfen und unterstützen Sie die ARCHE in ihrer Arbeit (Die Arche, Bank für Sozialwirtschaft, Kto.-Nr.: 30 30 100, BLZ 100 205 00).

ARCHE-Kind mit
Fußballnationalspieler
Malik Fathi

Oliver Bokern
(Verliebt in Berlin)
mit ARCHE-Kids

Bettina Cramer
mit Bernd Siggelkow

Freude ...

Falko Götz

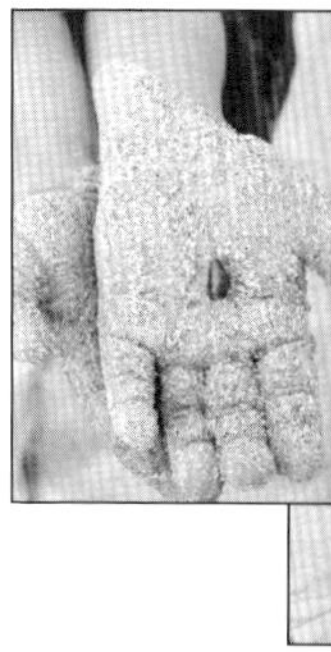

Camp in Plön

Danke!

„Meinst du das wirklich ernst?"

Gerade ist mal wieder eine Kinderparty vorbei. Unsere Mitarbeiter sind nach dem allwöchentlichen „Mammutprogramm" immer vollkommen kaputt, aber auch glücklich, da sie die strahlenden Kinderaugen sehen dürfen.

Ich wollte nur noch einmal kurz in mein Büro gehen, um meine Jacke zu holen, als ich im Treppenhaus ein leises Wimmern hörte.

Schnell merkte ich, dass dieses Wimmern das Weinen eines Kindes war. Ich versuchte herauszufinden, wo es herkam, und fand schließlich unter der Treppe im Kellergeschoss die 6-jährige Nancy, die zusammengekauert dasaß und weinte.

„Nancy, was ist los?", fragte ich. „Hat dir jemand was getan?"

Nancy kam noch nicht lange in die ARCHE. Sie war sehr schüchtern, aber wenn sie mal jemanden in ihr Herz geschlossen hatte, dann wich sie dieser Person kaum noch von der Seite. In der Woche zuvor war sie jeden Tag freudestrahlend zu mir ins Büro gekommen und hatte gefragt, ob ich mit ihr zu Mittag essen würde. In den letzten Tagen hatte ich immer gewartet, bis sie kam, denn ich wusste, dass sie traurig wäre, wenn ich nicht warten würde. Manchmal lief sie auch nur ins Büro, hüpfte auf meinen Schoß und sagte: „Schön, dass du da bist." Dann sprang sie wieder runter und ging zu den anderen spielen.

Heute war sie jedoch nicht so anhänglich. Sie hockte ganz verstört in der Ecke.

„Komm, Nancy, ich bringe dich nach Hause", versuchte ich sie zu beruhigen. Doch ihre Reaktion traf mich hart.

„Geh weg von mir", sagte sie.

Noch nie hatte ich so etwas von ihr gehört. Was hatte ich gemacht, das sie so verletzt hatte? Ich setzte mich neben sie auf den Boden, schwieg und beobachtete sie. Immer wieder wischte sie sich die Tränen von den Wangen, schaute kurz hoch und versteckte, als sie sah, dass ich noch da war, ihre Augen hinter ihren Händen.

Nach einer Weile reichte ich Nancy ein Taschentuch und fragte: „Was habe ich getan, Nancy?"

„Du hast mich nicht mehr lieb", kam es wie aus der Pistole geschossen.

„Natürlich habe ich dich noch lieb! Wie kommst du darauf, dass das nicht mehr so sein könnte?"

In Gedanken ging ich noch einmal den Nachmittag durch. Vielleicht hatte ich etwas Falsches gesagt, einen falschen Spaß zur unpassenden Gelegenheit gemacht oder ihr einfach nicht genug Beachtung geschenkt, aber ich konnte mich an nichts dergleichen erinnern.

„Ich habe bei der Kinderparty-Verlosung kein Geschenk bekommen", sagte sie schließlich leise. Ihre Stimme klang traurig.

„Du hast doch auch nicht gewonnen", antwortete ich. „Ich habe dich aber doch trotzdem noch lieb!"

Mir ging ein Licht auf, als sie mir etwas erzählte. Sie dachte, Liebe zeige sich allein darin, dass man etwas geschenkt bekomme. Immer wenn ihre alleinerziehende Mutter ihr etwas mitbrachte, hatte Nancy das Gefühl, von ihr geliebt zu sein. Es war in ihrer Familie tatsächlich so, dass Zuneigung kaum gezeigt wurde. Liebe äußerte sich nicht durch einfaches In-den-Arm- oder Auf-den-Schoß-Nehmen. Niemand sagte etwas wie: „Ich hab dich lieb." So glaubte Nancy, sie werde geliebt, wenn sie ein Geschenk bekam, und wenn sie keins bekam, bedeutete das, dass man sie nicht liebte. Leider habe ich im Laufe der vergangenen Jahre viele Kinder kennengelernt, bei denen es ähnlich war.

Ich schaute das Mädchen neben mir an und erklärte ihm: „Nancy, auch wenn du heute nicht gewonnen hast oder ich kein Geschenk für dich habe, habe ich dich trotzdem sehr lieb. Es ist doch nicht wichtig, ob du ein Geschenk von mir bekommst. Das wäre nach einem Monat vielleicht sowieso kaputt. Ich werde dich aber länger lieb haben als einen Monat, und das ist doch ein noch viel größeres Geschenk, oder?"

„Meinst du das wirklich ernst?", fragte Nancy mit großen, tränengefüllten Augen.

Als ich nickte, sprang sie mir in die Arme.

Heute weiß Nancy, dass Liebe mehr ist als ein vergängliches Präsent.

Eine richtige Familie

Mein Telefon klingelte, wie so oft an diesem Tag. Als ich abnahm, war eine aufgeregte Frauenstimme zu hören: „Herr Pastor, ich weiß nicht mehr, wie es weitergehen soll. Ich habe die Nase gestrichen voll. Ich kann und will nicht mehr."

Ohne nachzufragen, wusste ich, wer am anderen Ende der Leitung war: Frau Schmidtke, die Mutter des 9-jährigen Simon, der seit etwa einem Jahr in unser Kinderzentrum kam.

Simon war kein einfacher Junge. Er war leicht reizbar und ging bei jeder Kleinigkeit sofort in die Luft. Ich weiß noch, als wir uns kennenlernten, flippte er bei der Essenausgabe unheimlich aus, weil er der Ansicht war, ein Mädchen hätte sich vorgedrängelt. Er schlug dem Mädchen so fest ins Gesicht, dass dessen Nase sofort blutete. Er hatte sich häufig einfach nicht unter Kontrolle.

Simon kam jeden Tag in die ARCHE, um Mittag zu essen, seine Hausaufgaben zu machen, aber auch um zu spielen. Immer wieder hatte er seine „Aussetzer", doch wir lernten schnell, mit ihm umzugehen, und er lernte, sich zu entschuldigen, wenn er mal wieder über die Stränge geschlagen hatte.

Simon gehörte nicht zu den vielen sozial benachteiligten Kindern, deren Eltern häufig das Geld für Essen, Schulbücher und anderes fehlte. Seine Eltern hatten beide Arbeit und spendeten sogar jeden Monat einen festen Betrag, um Simons Mittagessen zu zahlen.

Dennoch war Simon benachteiligt, denn seine Eltern hatten wenig Zeit für ihren Sohn. Sie waren im Grunde nur abends zu Hause.

Im vergangenen Jahr hatten wir viele Veränderungen an Simon bemerkt. Er erlebte in unserer Einrichtung einen geregelten Tagesablauf mit verlässlichen Ansprechpartnern. Mit der Zeit gewann der Junge Vertrauen zu uns und Simon und ich wurden sogar richtig gute Freunde. Doch immer stellte der Junge irgendetwas an.

Einmal zum Beispiel stahl er aus dem Geldbeutel seiner Mutter 50 Euro. Für das Geld kaufte er eine Menge Süßigkeiten, die er dann großzügig an seine Klassenkameraden verschenkte. Für sie war er der Held, doch als die Sache herauskam, war der Ärger groß. Simon war eben, wenn er nicht in die ARCHE kam, zu viel allein.

Nun war es wieder so weit. Der Junge hatte wieder etwas angestellt. Simons Mutter war mit den Nerven runter. Nach langer Arbeitslosigkeit hatte sie jetzt seit zwei Jahren endlich wieder einen Job, deshalb rief sie mich auch vom Büro aus an. Sie erzählte mir, wie anstrengend ihr Sohn sei und dass es die letzten zwei Jahre sehr schlimm mit ihm geworden sei. Sie schloss mit dem Satz: „Wissen Sie, Herr Pastor, ich will nicht mehr. Ich werde meinen Sohn jetzt ins Heim schicken. Ich war so lange arbeitslos. Jetzt werde ich für mein Kind doch nicht meinen Job aufgeben!“

Ein kalter Schauer lief mir den Rücken runter. Geduldig versuchte ich, Frau Schmidtke von den Erfolgen zu erzählen, die Simon in den letzten Monaten in unserer

Einrichtung erlebt hatte. Sicher gab es immer wieder Probleme, aber Simon war kein hoffnungsloser Fall. Er war ein Junge, der seine Eltern brauchte, Menschen, die sich Zeit für ihn nahmen, die für ihn da waren.

Doch der Entschluss der überforderten Mutter stand fest: Simon sollte ins Heim. Noch ein weiteres halbes Jahr kam Simon zu uns. Wir merkten, wie sehr er unter dem Wissen, dass seine Eltern ihn weggeben wollten, litt. Nach sechs Monaten kam Simon nicht mehr. Die Eltern hatten ihren Entschluss tatsächlich wahr gemacht, Simon war im Heim, weit weg von der ARCHE und seinen Eltern.

Vier Jahre später kam Simon zu Besuch. Er war immer noch im Heim, aber er hatte seine Freunde in der ARCHE nicht vergessen. Er war ein prachtvoller Teenager geworden, der sich im Heim gut entwickelt hatte, doch eins vermisste er trotzdem, das sagte er mir: eine richtige Familie, die gemeinsam durch dick und dünn geht.

Simon ist leider nicht das einzige Kind mit diesem Wunsch.

„Möchtest du mein Papa sein?"

Es war ein schöner Frühlingsnachmittag. Am Himmel war keine Wolke zu sehen und man konnte außer den Straßengeräuschen sogar das Zwitschern der Vögel vernehmen.

Meine Familie und ich hatten noch kurz zuvor auf einem kleinen Bauernhof in einem Dorf mit nur zweihundert Einwohnern gewohnt – so richtig idyllisch, mit Pferd, ein paar Hühnern, Kaninchen und einem Hund. Unsere Kinder sollten auf dem Land aufwachsen, dort zur Schule gehen und eine unbeschwerte Kindheit erleben. So hatten wir uns das zumindest vorgestellt.

Unsere Zukunftspläne wurden jedoch komplett über den Haufen geworfen, als wir die Berufung spürten, der nachwachsenden Generation Freund und Hoffnungsvermittler zu sein. Nun fanden wir uns in einem Berliner Ballungszentrum wieder, in einer Wohnung in der fünften Etage eines Plattenbaus im Osten der Stadt, in dem fast Tausend Menschen lebten.

Ich stand auf unserem kleinen Balkon und schaute hinunter auf den begrünten Innenhof. Die Architekten der ehemaligen DDR, die diese Gebäudekomplexe entworfen hatten, hatten sich etwas dabei gedacht, die Häuser aneinanderzureihen. Die Gebäude bildeten einen großen Kreis, in dessen Innerem es einen Spielplatz gab. So konnten die Familien ihre Kinder aus den Fenstern beim Spielen beobachten – und Familien gab es hier viele. Mit zwei, drei oder häufig auch noch mehr Kindern.

Auf dem Spielplatz unter mir tummelten sich ein paar Gruppen von Kindern. Die einen buddelten im Sandkasten, ein Mädchen schaukelte und ein paar Jungs kickten eine Coladose hin und her. Einen Erwachsenen konnte ich nicht entdecken – keine Aufsichtsperson weit und breit. Die Kinder waren alle mit sich selbst beschäftigt. Wahrscheinlich beobachteten die Eltern ihre Schützlinge vom Fenster aus und dachten, es sei nicht unbedingt nötig, dass jemand unten bei ihnen war.

Ich nahm einen Ball aus dem Schrank, ging die fünf Etagen nach unten und gesellte mich zu den spielenden Kindern. Mit dem Ball unter dem Arm fragte ich sie, ob sie Lust hätten, mit mir gemeinsam etwas zu spielen. Die Kleinen waren sichtlich erstaunt, dass sich ein Erwachsener für sie Zeit nehmen wollte, doch sie freuten sich augenscheinlich über dieses Angebot.

Ehrlich gesagt machte ich mir zuerst Sorgen. Es kostete mich einige Überwindung, als wildfremder Mann die Kinder anzusprechen. Im Stillen hoffte ich, dass die Mütter von den Fenstern aus sahen, dass ich ihren Kindern nichts Böses wollte.

Wir spielten bestimmt eine Stunde oder noch länger. Für die Kleinen war es das erste Mal, dass sie alle gemeinsam spielten. Sonst waren sie immer in ihren kleinen Grüppchen miteinander beschäftigt, doch heute spielten alle zusammen. Wir rannten durch die Sandkiste, rutschten nacheinander die Rutsche hinunter, spielten Verstecken und tobten durch den ganzen Innenhof. Es war unbeschreiblich. Die Kinder strahlten übers ganze Gesicht; man konnte ihnen die Freude richtig abspüren. Als es Abend wurde, mussten die Kinder langsam alle nach Hause. Beim Abschied fragten sie: „Kommst du morgen wieder?“ Ihr Verlangen war so groß, dass einige immer wieder „Bitte, bitte“ sagten.

„Klar komme ich morgen wieder“, versprach ich. Schließlich hatten wir genau deshalb unser ländliches Leben aufgegeben: um für diese Kinder da zu sein.

Als die Kinder so langsam nach Hause gingen, blieb nur ein kleines Mädchen von ungefähr sechs Jahren zurück. Es hatte ein Gesicht wie eine Puppe und blonde Locken, die es sich beim Spielen immer wieder aus dem Gesicht hatte streifen müssen. Es war sichtlich begeistert über diesen aufregenden Nachmittag.

Um mich ein wenig auszuruhen, setzte ich mich auf die kleine Holzbank neben der Schaukel.

„Ich heiße Susann“, sagte das kleine Mädchen plötzlich und fügte dann ganz unvermittelt hinzu: „Möchtest du mein Papa sein?“

„Was?“ Hatte ich richtig gehört?

„Ich heiße Susann. Möchtest du mein Papa sein?“, fragte sie mich noch einmal.

Ich hatte also richtig verstanden.

„Wieso? Hast du denn keinen Vater?“, fragte ich zögernd zurück.

„Nein!“

„Ist dein Papa weggegangen?“, wollte ich wissen.

„Nein, ich kenne keinen Papa und ich hatte auch noch nie einen.“

„Aber deine Mama hat doch bestimmt einen Freund?“

Was dieses gerade mal sechsjährige Mädchen mir dann sagte, haute mich fast um: „Mama hat keinen Freund. Sie hat nur immer wieder Männer, mit denen sie ins Bett geht. Willst du nicht mein Papa sein?" Eine halbe Stunde lang erklärte mir dieses kleine Mädchen auf seine kindliche Art, dass auch seine Mama keinen Vater gehabt hatte und manchmal traurig zu Hause saß und sich einen Mann wünschte, der mehr als nur ein Liebhaber war. Susann erzählte, dass sie selbst oft im Bett lag, an die Decke starrte und leise flüsterte: „Ich wünsche mir einen Papa!"

Dieser Nachmittag war einer der schönsten in Susanns Leben, gestand sie mir. Noch kein erwachsener Mensch hatte mit ihr so lange, so fröhlich und so ausgelassen gespielt. Das wollte sie morgen in ihrer Klasse erzählen.

Susann ist nur eines von vielen Kindern, die sich so sehr einen Vater wünschen. Ich habe im Laufe der Jahre unendlich viele Kinder getroffen, die mir die gleiche Frage stellten wie sie: „Willst du mein Papa sein?"

Und immer wieder begegnen mir alleinerziehende Mütter, die diesen Spagat schaffen müssen, ihren Kindern Mutter und Vater zugleich zu sein. Sie sind mit der Herausforderung konfrontiert, mit ihren eigenen Problemen und denen ihrer Kinder klarzukommen, ohne jemanden zu haben, bei dem sie sich anlehnen können. Ihnen bleibt kaum Zeit zum Luftholen. Immer wieder stehen sie unter dem Druck, alles allein meistern zu müssen. Sie lernen Männer kennen, die keine Väter sein wollen, sie setzen Hoffnungen in Beziehungen, aus denen keine Lebensgemeinschaft wird. Und ihre Kinder wünschen sich eine Familie mit zwei Elternteilen und müssen damit fertig werden, dass sie „nur" eine Mutter haben.

Als ich beispielsweise eines Morgens meine Tochter in die Schule brachte, stand ein Junge aus ihrer Parallelklasse vor dem Gebäude und beobachtete uns. Wie jeden

Morgen nahmen wir uns in den Arm, gaben uns einen Kuss und verabschiedeten uns voneinander. Nachdem ich weg war, ging der Junge auf meine Tochter zu und fragte sie, wer der Mann gewesen sei. Sie antwortete: „Das war mein Vater." Ungläubig schaute er sie an: „Dein richtiger Vater?" Meine Tochter bejahte die Frage. „Und der wohnt noch bei euch?", wollte der Junge wissen. Ihm fiel es schwer zu glauben, dass es einen Vater in der Familie gab. Bei sich zu Hause hatte er schon einige Männer kommen und gehen gesehen. Auch sie nannte er „Papa" – meist schon nach drei Wochen. Doch keiner blieb länger als ein Jahr und irgendwann waren auch seine Hoffnungen auf einen richtigen Vater verloren gegangen. Meine Tochter brachte ihn später mit in die ARCHE, und so konnte auch er Menschen kennenlernen, die neben seiner Mutter verlässliche Ansprechpartner für ihn waren.

❖

Zurück zu Susann.

Sie und ich sind in den vergangenen Jahren gute Freunde geworden. Sie hat viele Kinder mit in unsere ARCHE gebracht. Freundinnen, die auch keinen Vater hatten, zu denen sie beim Vorstellen oft sagte: „Das ist Bernd. Er ist wie ein Vater für mich."

Bei Hunderten von Kindern ersetzen unsere Mitarbeiter die fehlenden Elternteile, auch wenn das nicht das ist, was wir wollen. Uns wäre es lieber, wenn es nur intakte Familien geben würde.

Das Leben dieser Kinder könnte man mit dem Titel „Ich suche einen Vater" überschreiben. Geschichten wie ihre nehmen in Hollywood-Filmen in der Regel ein glückliches Ende, doch in der Realität ändert sich oft nichts an den Umständen. Unseren Kindern fehlen Ansprechpartner und häufig verlieren sie dadurch ihr Selbstwertgefühl und ihre Lebensträume zerplatzen wie Seifenblasen. Sie müssen sich schon in jungen Jahren mit existenziellen und familiären Problemen auseinandersetzen, die ihr Leben belasten.

So oft habe ich in Gottesdiensten meinen Zuhörern von Gott, dem liebenden Vater erzählt, doch viele Kinder saßen mit großen Fragezeichen in den Augen vor mir. Sie haben nie einen Vater, geschweige denn einen *liebenden* Vater kennengelernt. Wie können sie da verstehen, dass Gott ihr Vater sein will? Für viele von ihnen sind Einsamkeit und Hoffnungslosigkeit bittere Realität. Nicht, weil ihre Mütter keine guten und sorgenden Mütter wären, sondern weil in ihrem Herz der Wunsch nach einem liebenden Vater nicht gestillt wird.

Die ARCHE ist für Kinder wie Susann gedacht, für Kinder, die zwar keinen Vater gefunden haben, aber Menschen, die ihnen zuhören, die mit ihnen lachen und weinen, die ihre Sorgen und Nöte verstehen und sie motivieren und stärken möchten. Für mich spiegeln diese Menschen, die sich für unsere Kinder einsetzen, den Schöpfer als liebenden Vater wider. Sie zeigen der nachwachsenden Generation bildhaft, wie viel Interesse dieser unsichtbare Vater an den Menschen hat.

Endlich wieder Arbeit!

Seit einigen Jahren schon kommt eine junge Familie zu uns in die ARCHE. Frank, der Vater, ist 28 Jahre jung und seit einigen Jahren glücklich verheiratet mit der 35-jährigen Eva. Die beiden haben zwei Kinder: die vierjährige Maike und den ein Jahr älteren Florian. Die Familie lebt in einer 86 Quadratmeter großen Wohnung mit vier Zimmern in einem riesigen Plattenbau mit mehr als achtzig Wohnungen. Das Hochhaus ist ziemlich heruntergekommen – die Wände sind innen und außen beschmiert und im Hauseingang riecht es nach Urin. Der Wohnkomplex sieht nicht gerade einladend aus, aber vielen Familien bleibt nichts anderes übrig, als dort unter diesen Bedingungen zu leben.

Als ich eines Mittags in die ARCHE zum Essen kam, da traf ich den „kleinen Mann" – so nennen wir Frank mit seinen ein Meter achtundfünfzig – im Treppenhaus.

„Du Bernd", sagte er verschämt, „darf ich dich mal was fragen? Ich hab jetzt schon so lange keine Arbeit mehr. Meinst du, ich komme nie mehr aus diesem Loch heraus?" Frank war bereits seit sieben Jahren arbeitslos und auch seine Frau Eva hatte schon lange keinen Job mehr.

Was sollte ich ihm sagen? Viele der Familien, die ich durch meinen Beruf kennengelernt habe, sind an der Arbeitslosigkeit verzweifelt. Sie haben den Sprung zurück ins Arbeitsleben nicht mehr geschafft; viele Freunde haben sich auf und davon gemacht; das ganze Freizeitverhalten hat sich geändert (man hat tagsüber viel Zeit und sitzt abends vor der Kiste); viele haben angefangen, sich zu vernachlässigen, Frauen schminken sich nicht mehr und tagsüber ist man auch mit dem Jogging-Anzug zufrieden. Hinzu kommt häufig eine ungesunde Ernährung, die Zähne sind in einem schlechten Zustand. Und was mir besonders auffällt: Das ganze Denken der Menschen ist negativ.

Das alles ging mir in wenigen Sekunden durch den Kopf.

Manchmal ist es besser zu schweigen, also klopfte ich ihm nur auf die Schulter und nahm ihn mit hinunter in die Küche, wo wir seine Frau Eva trafen.

Beim Essen erzählten die beiden mir von der katastrophalen finanziellen Situation ihrer Familie. Mit Hartz IV und Kindergeld kamen sie auf gerade mal 1.020 Euro. Nach Abzug von Miete, Gebühr für die Kita, Strom und Telefon bleiben der Familie 390 Euro zum Leben. Davon müssen vier Personen ernährt und eingekleidet werden. „Das reicht hinten und vorne nicht“, schluchzte Eva, „und das wird sich wohl auch nie ändern. Wir finden doch nie mehr einen Job. Das ist ein Scheißleben, oder?“

Was hatten die beiden nicht schon alles versucht! Frank hatte eine Zeit lang morgens um vier Uhr Zeitungen verkauft und sich auch schon als Versicherungsvertreter versucht, war jedoch aufgrund von verschiedenen Umständen in beiden Jobs gescheitert. Er ging regelmäßig Blut spenden und sammelte Pfandflaschen ein, denn jeder zusätzliche Euro bedeutete für ihn und seine Familie ein Stück Lebensqualität mehr. Doch was für die jungen Eltern das Schlimmste war: Sie konnten für das wenige Geld keine guten Lebensmittel einkaufen. „Fleisch ist leider oft billiger als Gemüse oder Obst“, erklärte Eva mir. „Ich habe Angst, dass meine Kinder krank werden.“

Trotz dieser vielen Schwierigkeiten steckte in Frank und seiner Frau immer noch ein Rest Kampfgeist. Immer wieder durchforsteten sie alte Zeitungen nach Stellenangeboten; das Geld für den morgendlichen Kauf einer aktuellen Tageszeitung hatten sie nicht. „Ich würde jede Arbeit annehmen“, erklärte Frank mir, „aber wer gibt mir denn welche? Ich gehöre ja zur Unterschicht. Aber nur die Füße hochlegen und vor dem Fernseher sitzen, das ist für uns nicht drin. Dabei würden wir doch auch so gerne einmal in unserem Leben in Urlaub fahren.“

Für Florian und Maike, ihre beiden Kinder, ist das Leben am Existenzminimum ebenfalls eine schwere Belastung, auch wenn man es ihnen nicht gleich anmerkt. Beide haben ihren Kiez in Berlin noch nie verlassen. Dafür haben die Eltern kein Geld.

Einige Tage später rief der Redakteur einer großen deutschen Zeitung bei mir an. Wir kennen uns schon viele Jahre. „Ich brauch 'ne gute Geschichte von einer jungen Familie, die Sozialhilfe bezieht“, erklärte er mir. „Kennst du da eine? Die Leute müssen nur Lust auf einen Job haben.“

Mir fiel sofort Frank ein, hatte er mir doch erst kürzlich erzählt, er würde jeden Job annehmen. Ich rief ihn an, er sagte zu und eine Stunde später war der Journalist bei ihm zu Hause.

Schon am nächsten Tag stand ein großer Artikel auf Seite 2 dieses auflagenstarken Blattes. Die Überschrift lautete: „Wir wollen endlich wieder Arbeit haben!" Daneben war ein großes Foto der ganzen Familie abgedruckt. Das Bild, das die vier boten, versetzte meinem Herzen einen Stich. Traurige Augen blickten in die Kamera. Hier schrie ein Ehepaar lautlos seinen ganzen Schmerz heraus – ebenso wie ihre beiden kleinen Kinder, denn viele Kinder spüren, dass sie sich in einer schwierigen Situation befinden, auch wenn sie es nicht mit dem Verstand begreifen.

Millionen von Lesern sahen dieses Bild, während sie am gedeckten Frühstückstisch saßen.

Durfte ich so etwas machen? Durften wir Familien, die in Not lebten, so in die Öffentlichkeit stellen, um auf die allgemeine Not aufmerksam zu machen? Ehrlich: Ich war mir da manchmal nicht sicher. Ich habe viel darüber nachgedacht. Wir, die Gesellschaft, haben diese Familien vergessen. Wir haben diese Kinder vergessen. Wir haben ein Stück unserer Zukunft vergessen. Wir haben keine Zeit für sie und keinen Platz. Bei diesen Gedanken beruhigte sich mein Gewissen wieder. Immer wieder stehen wir als ARCHE mit solchen Geschichten in der Kritik, anders haben wir jedoch keine Möglichkeit, auf das Problem dieser Familien aufmerksam zu machen. Und in diesem Fall hatte es auch geholfen.

Am Nachmittag kamen Maike und Florian zu mir ins Büro gerannt und riefen: „Papi hat einen Job! Papi hat wieder eine Arbeit!"

Wenig später kam auch Frank in mein Büro. „Ich freue mich so, dass mir die Worte fehlen", hörte ich ihn stammeln. Rund 1.400 Euro sollte er als Möbelpacker verdienen. Das bedeutete netto ca. 300 Euro mehr in der Tasche als vorher mit der Sozialhilfe und dem Kindergeld. 300 Euro mehr – davon konnte die Familie wirklich ordentlich leben.

Wir freuten uns alle mit ihnen. Eine Büro-Mitarbeiterin vergoss sogar heimlich ein paar Tränen.

Einen Tag später unterschieb Frank den Vertrag.

Natürlich gab es auch nach diesem Artikel über eine „unserer" Familien wieder Kritik aus einigen Ecken. Aber was ist schon die Kritik von Theoretikern gegen das Glück einer Familie? Ohne diesen Artikel wäre der Vater wohl noch heute arbeitslos.

Natürlich kümmern wir uns auch heute noch um die Familie. Die Kinder gehen ihren Weg. Vor allem aber haben sie gelernt, dass es sich lohnt zu kämpfen. Ob der Beruf des Möbelpackers für den kleinen und schmächtigen Frank der richtige ist, weiß ich wirklich nicht, aber allein wegen der Kinder muss er alles versuchen.

Kurze Zeit später hat sich bei uns übrigens eine kleine Lokalzeitung gemeldet, die einen Kiezfotografen suchte. Auch diesen kleinen Nebenjob hat Frank angenommen.

Kürzlich sprach ich mit einem älteren Herrn, der unsere ARCHE besuchte, auch über Frank und seine Familie. Der Mann sagte mir, bevor er ging, etwas, das ich oft von Besuchern unserer Einrichtung höre: „Herr Pastor, wenn das Elend ein Gesicht bekommt, das man kennt, ich glaube, dann wird es ganz schlimm, oder?"

Der Mann hatte recht!

„Das Einzige, das stört, seid ihr!“

Sein Spitzname ist „Katze“, er ist Mitte zwanzig und er ist heute aus der ARCHE nicht mehr wegzudenken. Ich bezeichne ihn gerne als „festes Inventar unserer Einrichtung“. Das war einmal anders. Katze war Nazi, und zwar ein überzeugter. Aber ich will nichts vorwegnehmen ...

❖

Seine leiblichen Eltern hat er nie kennengelernt. Er wurde dreimal adoptiert. Zweimal musste er sogar seinen Namen ändern. Und Katze musste Dinge mitmachen, die Kinder eigentlich niemals erleben dürften.

Seine ersten Adoptiveltern waren Alkoholiker, konnten dies vor dem Jugendamt jedoch gut verbergen. Das mussten sie auch, „verdienten“ sie doch damals ihr Geld mit Pflegekindern. Für Katze müssen die Jahre mehr als nur schlimm gewesen sein. Schon am frühen Morgen fingen seine Adoptivmutter und sein Adoptivvater an zu trinken. Regelmäßiges Essen gab es nicht, die Eltern waren mittags schon nicht mehr ansprechbar. Niemand beschäftigte sich mit ihm, er durfte keinen Besuch empfangen, Freunde hatte er daher nicht. Seine ersten fünf bis sechs Lebensjahre musste er in dieser Familie verbringen. An alle Einzelheiten kann oder will Katze sich heute nicht mehr erinnern. Vielleicht ist das auch besser so. Aber sein Leidensweg war noch lange nicht zu Ende. Irgendwann fielen auch seinem Betreuer vom Jugendamt die üblen Lebensumstände auf, unter denen der kleine Junge so litt. Er wurde aus der Familie herausgenommen und kam in eine neue. Doch für den kleinen Katze kam es noch schlimmer. In dieser Familie setzte es Schläge. Was immer er auch tat, für seine neuen Adoptiveltern war es nicht gut genug und er wurde immer und immer wieder geschlagen. Mehrere Jahre dauerte auch dieses Martyrium an. Dann wurde Katze aus dieser Familie herausgenommen und wieder in eine neue gesteckt.

Was musste dieser Junge erleiden? Wer einmal miterlebt hat, wie ein Kind aus einer Familie herausgeholt wird, weiß, wovon ich rede. Kinder hängen fast immer an ihren Eltern, egal, wie sie von ihnen behandelt werden. Ich ziehe hier immer gerne das Beispiel vom geprügelten Hund heran. Auch der hängt an seinem Herrchen, ganz gleich, was das ihm antut.

Mit der neuen Familie traf Katze es glücklicherweise wesentlich besser. Doch das soziale Verhalten des Jungen war bereits stark gestört. Mit 15 Jahren lernte er einen jungen Mann kennen, der bei den jungen Nationaldemokraten in Berlin eine große Rolle spielte. Durch ihn geriet Katze in rechte Kreise. Was ihm dort besonders gefiel, war das Zusammengehörigkeitsgefühl, das dadurch gestützt wurde, dass alle die gleiche Kleidung trugen – Bundfaltenhose, Hemd und Hosenträger in den Farben Schwarz, Rot und Gold, dazu blank geputzte Stiefel. Hier, so dachte er damals zumindest, hatte er eine neue Familie gefunden.

Sehr schnell stieg er in der Hierarchie der jungen Rechten auf. Katze war zuständig für die Anwerbung neuer Mitglieder und verdiente damals viel Geld damit. Er bekam schon mit 15 Jahren ein Grundgehalt von 2.000 DM und dazu die Prämien für neue Mitglieder. Darüber hinaus gehörte er einem Schlägertrupp an, der auch andere Jugendclubs „aufmischte". Das Motto dieser Gruppe war: „Zerschlagt alle anderen Einrichtungen, die uns nicht aufnehmen wollen oder gegen uns sind!"

Sie waren auf uns aufmerksam geworden, da wir zu der Zeit in dem Kiez, in dem die ARCHE war, Infomaterial und Essen an Kinder und Jugendliche verteilten.

Es dauerte nicht lange, bis Katze bei uns in der ARCHE auftauchte. Er war der Junge, von dem ich bereits in einer anderen Geschichte berichtet habe; der Junge, der eines Tages in der ARCHE erschien, während ich mit Aufräumen beschäftigt war, Raum für Raum inspizierte und dann zu dem Schluss kam: „Das sieht ja alles ganz gut aus hier. Tischtennis, Kicker, Billardtisch und eine Musikanlage. Das Einzige, das stört, seid ihr!"*

Ich war damals erleichtert gewesen, als er auf meine Erwiderung: „Da musst du aber erst einmal an mir vorbei" erst einmal verschwand. Als er jedoch einige Tage später mit rund 50 seiner Kumpels wiederkam, wurden meine Mitarbeiter und ich nervös. Was würde passieren? Wenn sie uns angreifen würden, hätten wir so gut wie keine Chance.

Doch das Ganze verlief glücklicherweise friedlich. Wir redeten mit ihnen und stellten ihnen auch zwei Räume zur Verfügung. Das hatten sie wohl nicht erwartet.

---

siehe Geschichte „Eine große Entscheidung"

Natürlich hatten wir zu Anfang Angst, man könnte glauben, dass wir zu einem „rechten Club" verkommen würden, doch das hätten wir natürlich nie zugelassen. Uns war einfach nur klar, dass die jungen Leute aus dieser rechten Gruppe einen falschen Weg gewählt hatten, weil sie keine Alternativen kannten, und wir wollten ihnen welche bieten.

Manchen von ihnen konnten wir nicht mehr helfen. Sie steckten einfach zu tief in diesem Sumpf aus platten Argumenten, Ausländerhass und nackter Gewalt fest. Einigen konnten wir jedoch einen anderen Weg aufzeigen – so auch Katze. Er steckte zu der Zeit, als wir ihn kennenlernten, in großen Schwierigkeiten. Es liefen unzählige Strafverfahren gegen ihn, allein 16 sogenannte Sammelverfahren. Ein Sammelverfahren beginnt erst mit mindestens fünf Strafverfahren. Das Hauptproblem war, dass er immer wieder in Schlägereien mit Anhängern von linken Parteien und Vereinigungen verwickelt war.

Wir sprachen viel mit Katze und seinen Freunden und versuchten auch, ihnen konkret zu helfen, indem wir direkt Kontakt zu ihren Bewährungshelfern oder dem Staatsanwalt aufnahmen. Wir schafften es auch, dass Katze Sozialstunden in der ARCHE abbüßen konnte. Doch für ihn nahmen die Schwierigkeiten noch lange kein Ende. Er hatte ein Mädchen kennengelernt, in das er sich sofort verliebt hatte, und es dauerte nicht lang, bis er Vater wurde. Seine Freundin war erst 14, als das Kind zur Welt kam. Danach ging die Beziehung in die Brüche. Mit unserer Hilfe kümmert er sich aber bis heute um die junge Frau und auch um das Kind. Miriam, so heißt die junge Mutter, hat inzwischen zwei weitere Kinder, um die sich Katze auch ein wenig kümmert. Er hat gelernt, Verantwortung zu übernehmen.

Wir konnten Katze letztendlich auch nicht völlig davor bewahren, Erfahrungen im Gefängnis sammeln zu müssen. Insgesamt sieben Monate musste er bisher absitzen. Ein schlimmes Erlebnis dort hat sich ihm bis heute tief eingeprägt. Als ihn die Beamten bei der Einlieferung in ein Gefängnis in Berlin-Plötzensee abtasteten, rastete er aus; er griff die Wärter an und schlug mehrfach zu. Natürlich wurde er schnell überwältigt. Anschließend steckte man ihn vorübergehend in eine Zelle in den berühmten Block 6, wo, wie er gehört hatte, überwiegend pädophile Straftäter einsaßen. Er war davon überzeugt, dass das die Strafe der Wärter für seinen Ausraster war. Passiert ist aber wohl nichts – das zumindest sagt Katze heute. Nach einigen Tagen kam er wieder in eine Zelle mit anderen, jüngeren Mitgefangenen.

Als er wieder draußen war, fing er nach und nach an, sich zusammen mit einigen Freunden von der rechten Szene zu lösen. Das war nicht einfach, erzählte er mir später, hatte man doch immer die Rache der ehemaligen Kameraden zu befürchten. Viele mussten damals sogar für mehrere Monate untertauchen. Einige der jungen Leute blieben aber in unserer Einrichtung und haben sich positiv entwickelt – so auch Katze. Natürlich ist er auch heute noch ein „Lümmel", wie ihn einer meiner Kollegen fast liebevoll nennt. Er ist auch heute noch ab und zu in Schlägereien und andere kleinere Straftaten verwickelt. Kürzlich wurde er zum Beispiel Zeuge, wie rechte Jungendliche einen Mann dunkler Hautfarbe zusammenschlugen. Katze prügelte den Haupttäter 500 Meter durch die nächtlichen Straßen seines Bezirks, woraufhin dieser für längere Zeit ebenfalls im Krankenhaus lag.

Katze arbeitet heute hin und wieder noch als Geldeintreiber. Das sehe ich natürlich nicht so gerne, aber solange ich ihm keine langfristige Alternative bieten kann, kann ich das auch nur bedingt kritisieren. Darüber hinaus unterstützt er uns sehr engagiert in unserer Arbeit. Er hilft in der Küche, im Garten und bei fast jedem handwerklichen Problem – einfach überall dort, wo er gebraucht wird. „Wo ist Katze?“, ist eine der bei uns am meisten gestellten Fragen, und der mittlerweile junge Mann ist auch fast immer vor Ort, wenn er gebraucht wird. Kürzlich hat er bei uns ein kleines Seminar mit Jugendlichen betreut, die für rechtes Gedankengut anfällig sind. Er hofft, junge Menschen davon abhalten zu können, sich rechten Gruppen anzuschließen.

Für seine Hilfsleistungen bei uns bekommt Katze einen kleinen Lohn. Er würde gerne langfristig bei uns bleiben, das hat er mir kürzlich verraten. Er ist auf einem guten Weg, auch wenn er hin und wieder immer noch in Schwierigkeiten steckt. Aber man kann auch nicht erwarten, dass sich ein junger Mensch, der das erlebt hat, was Katze erleben musste, von jetzt auf gleich verändert. Ich bin jedoch zuversichtlich, dass Katze es langfristig schaffen wird. Vor der Justiz hat er im Moment Ruhe, weiß man dort doch auch, dass er hier bei uns in guten Händen ist.

Ferienerlebnisse

Auf dem großen Hof tummelten sich viele Kinder. Die Reisetaschen, Koffer und Plastiktüten stapelten sich auf den Bänken. Die Spannung der Kleinen war fast greifbar. Mütter und Nachbarn waren gekommen, um die Kinder, die an diesem Tag ihre Reise ins Feriencamp antreten wollten, zu verabschieden.

Schon Monate zuvor hatten wir die Anmeldungen herausgegeben, denn unsere Feriencamps sind immer heiß begehrt. Viele Hundert Zettel kommen jedes Mal zurück, doch leider kann immer nur eine bestimmte Anzahl von Teilnehmern mitfahren, da wir nicht mehr Kapazitäten haben. Wir haben in den vergangenen Jahren allerdings jedes Jahr die Höchstteilnehmerzahl heraufgesetzt, da wir nicht wollten, dass so viele Kinder zu Hause bleiben müssen. Für viele ist das die erste Gelegenheit in ihrem Leben, einmal Urlaub zu machen.

Dieses Mal konnten 148 Kinder mitkommen. Diejenigen, die zu diesem Camp nicht mitdurften, bekamen das Versprechen, dass sie beim nächsten dabei sein würden. Uns ist es wichtig, dass alle Kinder, die in unsere Einrichtung kommen, wenigstens einmal pro Jahr Urlaub machen können. So veranstalten wir pro Jahr sechs bis sieben Camps, um etwa 600 Kids in diesen Genuss kommen zu lassen. Familien, die es sich leisten können, zahlen für ihre Kinder, für alle anderen suchen wir „Paten“, die die Teilnahme für jeweils ein Kind bezahlen.

Die Spannung stieg, als die Reisebusse endlich heranrollten. Schon Tage zuvor hatten die Kinder überlegt, wer im Bus neben wem sitzen wollte, auch wenn die Reise ins Land Brandenburg nur etwa eine Stunde dauerte.

❖

Ich bin jedes Mal neu begeistert, wenn ich die großen Augen der Kids sehe, die aus den Bussen auf unser Campgelände stürzen, auf dem bereits 40 Zelte, Wohnwagen, Anhänger und Pavillons stehen, wenn sie in Gruppen von vier bis zehn Personen ihre Zelte beziehen, die Luftmatratzen aufpumpen und die Natur genießen.

Nach der Zeltübernahme, einem gemeinsamen Mittagessen und der Erklärung der Campregeln standen am ersten Nachmittag Wasserspiele auf dem Programm. Ein paar Mitarbeiter hatten ein großes Planschbecken aufgebaut, über dem zwei Gruppen ein Tau ziehen und dabei versuchen sollten, die Verlierer in das kalte Wasser zu befördern – ein riesiger Spaß, bei dem nicht nur die Verlierer nass wurden. Auch unsere Mitarbeiter mussten dran glauben und zum Schluss auch ich. Als ich merkte, dass es kein Entkommen mehr gab, schmiss ich mein Mobiltelefon und meinen Autoschlüssel weg, bevor ich in das etwa 150 cm breite Becken flog. Nachdem ich mich aus dem Wasser herausgerettet hatte, schmissen sich die Kinder noch auf mich, um mich noch richtig nass zu machen. Ich tropfte von Kopf bis Fuß, als ich mich unter dem Berg von Kindern herausrollte. Leider hatte ich etwas Wichtiges vergessen. In meiner hinteren Hosentasche befand sich mein Geldbeutel mit dem Bargeld für den Einkauf, den geplanten Schwimmbadbesuch und so manches andere. Als ich diesen tropfnassen Geldbeutel aus meiner Tasche zog und die 20 einzelnen Scheine, die sich darin befanden, betrachtete, beschloss ich, dass ich das nächstes Mal besser aufpassen musste – und es gibt 100-prozentig ein nächstes Mal. Diesen Spaß lässt sich kein Kind entgehen.

Am nächsten Nachmittag stand ein Geländespiel auf dem Programm. Wir wollten einen Schatz suchen.

Wir bewegten uns immer weiter in den Wald hinein und kamen dem Schatz immer näher, als der 13-jährige Paul sich mitten auf den Weg setzte und rief: „Ich geh nicht einen Meter weiter! Ich hab keinen Bock mehr! Ich bleib hier sitzen und bewege mich kein Stück weiter!"

Alles gute Zureden unserer Mitarbeiter brachte nichts. Die anderen Kinder waren schon längst weitergewandert, doch Paul blieb auf dem Fleck sitzen. Ich schickte meine Mitarbeiter zu den anderen und blieb selbst bei Paul zurück.

In der Vergangenheit hatte ich das schon oft erlebt: Kinder, die einfach fertig waren. Nicht, dass sie keine Lust oder körperlich keine Kraft mehr gehabt hätten, man hatte vielmehr das Gefühl, dass in ihnen ein Kampf tobte. Zu Hause hatten sie oft nur eine untergeordnete Rolle, hier drehte sich alles nur um sie. Viele Kinder waren damit zunächst überfordert.

Nachdem alles gute Zureden nicht half und Paul sich immer noch weigerte weiterzugehen, wurde ich ärgerlich. „Paul, wenn du jetzt nicht aufstehst, muss ich dich durch den Wald hinter mir herziehen", sagte ich ein wenig erbost und packte ihn am Ärmel. Ich muss dazu sagen: Paul war mit seinen dreizehn Jahren schon sehr groß, fast einen Meter achtzig. Es war eine schweißtreibende Angelegenheit, ihn mitzuziehen – und es dauerte eine ganze Weile, bis wir die anderen eingeholt hatten. Die anderen Kinder lachten, als sie sahen, dass aus jeder Pore meines Körpers der Schweiß nur so lief. Auch Paul lachte laut mit. Zurück zum Camp ging er übrigens glücklicherweise ganz alleine.

Paul verhielt sich das ganze Camp über aggressiv, ansonsten glänzte er eigentlich nur durch Lustlosigkeit. Man musste ihn fast zwingen, bei den einzelnen Programmpunkten mitzumachen. Hin und wieder beschimpfte er auch die Mitarbeiter. Wir als Camp-Leiter saßen oft zusammen und überlegten, ob wir ihn nicht besser nach Hause schicken sollten, da auch die anderen Kinder unter Pauls Verhalten litten, doch wir entschieden uns dagegen.

Am letzten Abend, als die anderen Kinder noch am Lagerfeuer saßen, hatte sich Paul schon in sein Zelt verkrochen. Ich ging zu ihm, um noch ein paar Worte mit ihm zu wechseln. Als ich ins Zelt kam, erwartete mich eine Überraschung. Paul lag in seinen Schlafsack eingewickelt da, die Tränen liefen über seine Wangen und er schluchzte wie ein kleiner Säugling.

Ich saß einige Minuten schweigend neben ihm, dann sagte ich: „Paul, erzähl schon, was ist los." Wir hatten Paul vor dem Camp nicht gekannt. Niemand von uns kannte seine Familie oder seinen Hintergrund.

Zögernd nur antwortete er mir: „Ihr seid alle so nett zu mir und jetzt fahren wir schon wieder nach Hause. Ich möchte so gerne noch hierbleiben."

Damit hatte ich nicht gerechnet.

Paul erzählte mir schließlich ein wenig von sich. Ich erfuhr, dass sein Vater einige Jahre zuvor gestorben war. Der Mann war ein guter Vater gewesen, war häufig mit seinem Sohn angeln und Fußball spielen gegangen. Er war ein Vater gewesen, der sich richtig gekümmert hatte. Jetzt war die Mutter allein mit Paul. Sie hatte drei verschiedene Jobs, putzte von morgens bis abends, um sich und ihren Sohn zu ernähren. Trotzdem ging es ihnen finanziell nicht gerade gut. Doch das war nicht das einzige Problem. Paul kam mit dem Tod seines Vaters nicht klar. Er konnte nicht verstehen, warum er ihn verlassen hatte. Paul hatte sich nach und nach von allem zurückgezogen und war so in den Jahren zu einem Einzelgänger geworden.

Seine Mutter hatte ihn zum Camp angemeldet, damit er einmal etwas anderes sah, sie hatte sogar von ihrem wenigen Geld den Betrag für Pauls Teilnahme bezahlt.

Paul war in diesem Camp sehr glücklich gewesen, er hatte es nur nicht zeigen können, doch am letzten Tag nun brach es aus ihm heraus. Paul war an und für sich kein aggressiver Junge, er war nur einsam gewesen. Doch im Camp hatte er Freunde fürs Leben gefunden. Freunde, die ihm wieder Hoffnung vermittelt hatten.

Beim Abschied am nächsten Tag nahm er jeden einzelnen Teilnehmer und jeden Mitarbeiter in den Arm, um Tschüss zu sagen.

❖

Auf dem gleichen Camp war auch Sissy, ein kleines blondes Mädchen mit einer lustigen Zahnlücke.

Sissy war ein lebensfrohes Kind. Sie liebte es, auf der Traktorreifen-Schaukel zu sitzen. Wenn wir sie richtig fest anschubsten, dann schrie sie vor Vergnügen. Und wenn sie lachte, mussten alle anderen mitlachen. Man hatte sie gerne um sich. Sissy war auch immer gerne mit anderen zusammen und sie half gern beim Küchendienst. Auch wenn in unseren Camps jedes Kind nur für sein eigenes Geschirr verantwortlich ist, so wusch sie gern noch die Töpfe und Löffel ab, die unsere Küchenmitarbeiter benutzt hatten. Schließlich gab es Punkte dafür. Wir haben da so ein System eingeführt, dass dafür sorgen soll, dass in den Camps Ordnung herrscht. Außerdem werden die Kinder so auf spielerische Art motiviert, mitzuarbeiten und Verantwortung zu übernehmen. Es gibt Punkte für Sauberkeit im Zelt, für gewonnene Wettkämpfe, für Fleiß und die Erledigung besonderer Aufgaben. Der Anreiz ist groß, denn wer am Ende des Camps die meisten Punkte hat, gewinnt die Teilnahme am nächsten Camp. So werden auch Kinder motiviert, die sonst nie helfen, und unsere Mitarbeiter waren schon häufig erstaunt, dass die auffälligsten Kinder die meisten Punkte hatten. So sieht man oft Kinder, die den Müll sammeln, der herumliegt, oder die Tische dorthin stellen, wo sie gerade gebraucht werden.

Ich beobachtete Sissy einmal, wie sie in sich selbst versunken ganz allein vor der Waschschüssel stand und einen großen Topf spülte. „Mama, hoffentlich sehen wir uns am Samstag“, flüsterte sie vor sich hin.

„Vermisst du deine Mama?“, fragte ich sie.

Sie drehte sich um und schaute mich an. Das, was Sissy mir dann erzählte, ließ mir den Atem stocken. Sie hatte ihre Mutter schon seit einem Monat nicht mehr gesehen. Die Frau hatte noch ein Baby bekommen und war umgezogen. Während dieser ganzen Zeit war Sissy bei ihrer Tante. Die Mutter hatte versprochen, sie abzuholen, sobald es möglich wäre. Auch wenn es Sissy bei ihrer Tante gefiel und sie dort ihre Cousine zum Spielen hatte – sie vermisste ihre Mutter. Einmal pro Woche telefonierten die beiden zwar, aber das Versprechen, ihre Tochter abzuholen, hatte sie noch nicht wahr gemacht.

Die kleine Sissy wusste weder, wo ihre Mama jetzt wohnte, noch, wann sie in ihr neues Zuhause ziehen konnte.

Sie war natürlich traurig, aber sie war auch sehr tapfer. In unserem Gespräch kristallisierte sich heraus, dass Sissys Mutter sich wahrscheinlich mehr auf ihr neues Baby konzentrieren wollte, als sich um ihre größere Tochter zu kümmern. Sissy war für ihr Alter schon sehr hell, und sie spürte, dass die Mutter sie eigentlich nicht mehr wollte, aber das verdrängte die kleine Blonde. Wenn sie allein war, redete sie manchmal mit sich selbst. Das heißt, eigentlich sprach sie mit ihrer Mutter. Sie sprach ihre Wünsche aus, aber es war keine Mutter da, die sie hören wollte.

Sissy kam oft zu unseren Mitarbeiterinnen, um einfach nur mal für fünf Minuten in den Arm genommen zu werden, dann verschwand sie wieder. Für den Moment zufrieden, für den Augenblick den Schmerz gestillt, jedoch im Herzen verwundet.

Am letzten Abend betete Sissy vor dem Schlafengehen: „Gott, bitte schick Mutti morgen vorbei. Ich will wieder ihr Kind sein, ich hab sie doch lieb."

Ich glaube, alle unsere Mitarbeiter haben das in diesem Camp gebetet, auch wenn wir uns entschieden hatten, diese Angelegenheit dem Jugendamt zu melden.

Am nächsten Tag kamen wir zurück nach Berlin. Die Kinder wurden zum Großteil schon von ihren Eltern erwartet. Manche sprangen aus dem Bus und liefen jubelnd ihren Eltern entgegen.

Auch Sissy sprang aus dem Bus. „Mutti?", hörten wir sie rufen. Anscheinend hoffte sie, dass ihr Gebet erhört worden war. Es tat mir im Herzen weh, dass das Kind wieder einmal enttäuscht werden würde. Doch dann rief Sissy: „Mutti, Mutti, da ist meine Mutti!"

Tatsächlich, Sissys Mutti war da. Unser und vor allem Sissys Gebet war erhört worden. Die Kleine war so glücklich, endlich ihre Mutter im Arm halten zu können.

Wir wissen nicht so richtig, was in der Mutter des Mädchens vorgegangen war, doch sie hatte offensichtlich gemerkt, dass nicht nur das Baby ihre ganze Aufmerksamkeit brauchte, sondern auch ihre 6-jährige Tochter.

Die beiden gingen glücklich nach Hause und auch wir als ARCHE-Mitarbeiter waren zufrieden und glücklich. Das Camp hatte nicht nur den Kindern gutgetan, die während dieses Camps im Mittelpunkt gestanden hatten, an der Stelle, an der sie eigentlich immer stehen sollten. Es war wieder einmal auch eine Bereicherung für uns gewesen!

Wertvolle Hilfe

Immer wieder begegnen wir in unserer Arbeit Unverständnis und Kritik. Ein Lehrer, der Leiter einer Grundschule in unserer Nachbarschaft, sagte mir einmal unverblümt, für wie überflüssig er unsere Einrichtung hielt. Hier gäbe es keine Armut, meinte er, schon gar nicht für Kinder. „Ihr beschmutzt den Ruf unseres Bezirks", das ist die Überzeugung einiger weniger Unbelehrbaren. Diesen Vorwurf haben wir auch schon von lokalen Politikern in den anderen Städten gehört, in denen es ARCHEN gibt, obwohl unsere Einrichtungen alle vom Tag ihrer Eröffnung an überdurchschnittlich besucht wurden. In der ARCHE in Hamburg hatten wir am ersten Tag schon rund 200 Besucher. Oft sehen lokale Größen nicht über den Rand ihres kleinen Bezirks hinaus. Immer wieder kommen in unserem Büro Mails an, in denen Leute erklären, die Eltern seien doch selbst schuld. Vielleicht stimmt das sogar in einigen Fällen – aber können die Kinder etwas dafür?

Natürlich stehen dem gegenüber viele, viele Menschen, die uns oder anderen karitativen Vereinen helfen wollen.

Vor einiger Zeit planten wir einmal wieder ein Freizeitcamp für ungefähr 90 Kinder und Jugendliche. Es war Sommer und über dreißig Grad heiß. Dummerweise hatten wir vergessen, einen Kühlwagen zu organisieren. Der war aber eigentlich unentbehrlich – zum einen, um die Getränke zu kühlen, zum anderen aber auch für verderbliche Nahrungsmittel.

Ungefähr zehn Tage vor Beginn des Camps riefen wir eine Hamburger Firma an, die vor allem die ARCHE in Hamburg sehr stark unterstützt. Natürlich waren fast alle Wagen des Unternehmens im Einsatz. Ich hatte mir so etwas schon gedacht – bei dieser Hitze. Doch die Mitarbeiter des Konzerns wollten sich etwas einfallen lassen und schließlich kam der erlösende Anruf, in dem uns mitgeteilt wurde: „Es kann losgehen. Wir haben ein Fahrzeug mit Kühlmöglichkeit."

Alle freuten sich riesig. Zwei Tage vorher bauten wir auf dem Platz die Zelte auf und organisierten ein Eckchen für den Kühlwagen sowie einen Stromanschluss. Alles klappte wie am Schnürchen.

Es konnte losgehen.

Zwei Stunden nach der Abfahrt erreichten wir den Platz. Der Kühlwagen war noch nicht vor Ort, aber aus Hamburg hieß es: „Alles okay. Er kommt." Drei Stunden später hörten wir dann ein Brummen und Röhren, als ob eine Staffel Hubschrauber der Bundeswehr einfliegen würde. Ein riesiger Sattelschlepper mit einem Monstrum von Kühlcontainer kam in unsere Sichtweite. Über 20 Meter war der Überseecontainer lang, sodass der Fahrer Probleme hatte, die Dorfstraße zu meistern. Wir hätten in dem Teil bald alle unsere Fahrzeuge, Vorräte, Zelte und auch das Dorf mit allen Einwohnern unterbringen können.

Als wir unsere Lebensmittel und Wasservorräte untergebracht hatten, war vielleicht ein Hundertstel der Fläche belegt. Der Container leistete tolle Dienste und wurde über die Woche eine Sehenswürdigkeit im Dorf. Was hatten die Mitarbeiter der Firma aus Hamburg da auf die Beine gestellt! Ohne den Container hätten wir das Camp absagen müssen!

Glücklicherweise bekommen wir immer wieder Unterstützung wie diese. Und solange so viele Menschen hinter uns stehen, gebe ich mit meiner Arbeit nicht auf.

Familienleben – Familie erleben

Lauter Kindergesang erfüllt den Veranstaltungssaal der ARCHE. Einige Jungen und Mädchen reißen ihre kleinen Münder beim Singen weit auf, als wollten sie den Text herausschreien. Lenchen, unsere Chorleiterin, gelingt es immer, die Kinder zu begeistern.

An diesem Nachmittag findet die wöchentliche Chorprobe statt. Die Mitarbeiter studieren mit den Kindern Lieder und Musicals ein, die bei besonderen Gottesdiensten oder in Schulen aufgeführt werden sollen.

„Alles, was ich hab, alles, was ich kann, kommt von dir, mein Gott ...", so hört man die etwa 30 Jungen und Mädchen gemeinsam singen. Unter den Kindern befindet sich auch der kleine Felix.

Dass Felix so fröhlich mitsingen kann, ist nicht selbstverständlich ...

❖

Bevor Felix in die ARCHE kam, verbrachte er seine Freizeit auf Spielplätzen, meist allein; er war ein Einzelgänger.

Eine ARCHE-Mitarbeiterin hatte ihn auf einem Spielplatz gesehen, als er wieder einmal allein spielte, und hatte ihn zu unserer wöchentlichen Kinderparty eingeladen.

Felix nahm die Einladung gerne an. Er kam zur ARCHE, fand Freunde und in den Mitarbeitern Erwachsene, die ihn ernst nahmen. Hier entdeckte er auch seine Freude am Singen. Er konnte die Chorproben immer kaum erwarten. Felix sang in der ARCHE, zu Hause, in der Schule, auf dem Spielplatz und überall sonst, ob die Leute um ihn herum es hören wollten oder nicht – ihm war das egal.

Wir lernten im Laufe der Zeit auch Felix' Mutter kennen. Sie war noch relativ jung, aber das Leben hatte ihr schon übel mitgespielt. Sie hatte selbst eine schwierige Kindheit gehabt. Als sie mit Anfang 20 schwanger wurde, ließ ihr Lebensgefährte sie sitzen. In den folgenden Jahren hatte sie immer wieder wechselnde Partner und bekam ein Kind nach dem anderen – insgesamt sechs; Felix war das dritte. Zwischendurch versuchte sie immer wieder, Arbeit zu finden, aber mit den Kindern war das unmöglich.

Hinzu kam, dass sie mit der Erziehung Schwierigkeiten hatte. Ständig gab es Streit in der Familie. Ob es die schmutzige Wäsche war, die laute Musik oder auch Streitereien der Kinder untereinander – der Alltag war geprägt von unzähligen Stress-Situationen.

Eines Nachmittags holte die junge Frau ihren Sohn wie so oft nach der Chorprobe ab. Bevor sie mit dem Jungen nach Hause ging, kam sie zu mir, um mit mir zu reden.

„Bernd", sagte sie, „ich weiß nicht mehr weiter. Wir haben so viel Stress miteinander. Der Große hat Probleme in der Schule, er schlägt seine Mitschüler, und mit den Kleinen komme ich auch nicht klar. Kannst du nicht mal bei uns vorbeischauen und uns helfen?" Sie erzählte mir, dass sie schon bei den Lehrern in der Schule und bei der Familienbetreuung um Hilfe gebeten hatte, doch kein Rat hatte bisher wirklich geholfen.

Ich versprach ihr, einmal vorbeizukommen, damit wir in Ruhe reden konnten.

Zwei Tage später machte ich mein Versprechen wahr.

Es war 19:30 Uhr. Ich klingelte an der Haustür des Hochhauses, dessen Vorderseite komplett mit Graffiti verschmiert war. Die meisten Familien in diesem Haus lebten von Transferleistungen, die Erwachsenen waren in der Regel langzeitarbeitslos.

Im Flur türmte sich Müll. Ich beachtete ihn nicht weiter und ging in den Fahrstuhl, der mich in die fünfte Etage brachte. Dort angekommen, hörte man bereits aus den benachbarten Wohnungen Fernsehlärm, Kindergeschrei, lautes Poltern und das Aufheulen einer Bohrmaschine.

Ich klingelte und wenig später öffnete Felix mir freudestrahlend die Tür und ließ mich herein.

Es standen nicht viele Möbel in der Wohnung, aber es war sauber. Bei meinen diversen Hausbesuchen bei Familien von ARCHE-Kindern hatte ich schon viele Wohnungen gesehen, in denen man kaum einen Fuß vor den anderen setzen konnte. Unsere Mitarbeiter hatten schon viele dieser Wohnungen gemeinsam mit den Eltern aufgeräumt, um – vor allem auch für die Kinder – wieder einen Hauch von Lebensqualität zu schaffen. Doch das war hier nicht nötig.

Im Wohnzimmer nahm ich vor dem laufenden Fernseher Platz. Schon lange hatte ich mich daran gewöhnt, dass der Flimmerkasten in vielen der Familien, die ich besuchte, bereits nach dem Aufstehen ein- und erst spät in der Nacht wieder ausgeschaltet wurde. Auch wenn nicht immer Blickkontakt zur „Glotze" gehalten wurde, es würde etwas fehlen, wenn er nicht liefe.

Felix' Mutter und ihr Lebensgefährte setzten sich zu mir auf die Couch. Sie boten mir einen Kaffee an und wir kamen miteinander ins Gespräch. Zwischendurch wurden wir immer wieder unterbrochen. Jedes der Kinder wollte mir das zeigen, worauf es besonders stolz war: die Drei in Mathe, die Sporturkunde von vor zwei Jahren, das Lego-Auto oder das Freundschaftsbuch mit den Bildern der Klassenkameraden. Jeder wollte meine Aufmerksamkeit. Offenbar bekamen die Kinder sonst recht wenig davon. Es schien fast so, als führte hier jeder sein eigenes Leben.

Doch schließlich kamen wir auf den eigentlichen Grund meines Kommens zu sprechen. „Ich kann nicht mehr", erklärte Felix' Mutter. „Hier gibt es irgendwann Mord und Totschlag, wenn sich nicht etwas ändert. Wir brauchen dringend Hilfe."

Während unseres Gespräches hatte ich mich im Wohnzimmer immer wieder umgeschaut und versucht, mir ein Bild vom Alltag dieser Familie zu machen. Ich sah den Schrank, der mit Papieren, Rechnungen und Porzellan vollgepackt war. In der Ecke stand ein Laufstall, der allerdings schon für das Jüngste zu klein war, und die Sitzcouch, auf der nebeneinander fünf Personen Platz hatten.

„Sag mal, verbringt ihr als Familie hier viel Zeit miteinander? Wo findet euer Familienleben statt?", fragte ich die Mutter schließlich.

„Na ja, hier im Wohnzimmer ist nicht viel Platz", antwortete sie. „Wir haben nur diese Couch, aber da wir sowieso nicht alle das gleiche Fernsehprogramm schauen, gibt es noch einen kleinen Fernseher im Kinderzimmer."

„Und wo esst ihr miteinander?“, fragte ich weiter.

„Da die Kinder zu unterschiedlichen Zeiten aus der Schule kommen, macht sich jeder sein Essen selbst.“

In der Küche stand die Mikrowelle. Sie wurde häufiger benutzt als der Herd, das sah man ihr an. Jeder nahm sich offensichtlich etwas zu essen, wenn er gerade Hunger hatte, aber gemeinsame Mahlzeiten fanden in dieser Familie nicht statt. So konnte gar keine Gemeinschaft entstehen. Wie sollten die einzelnen Familienmitglieder da auch zueinanderfinden?

Unter dem Küchenfenster entdeckte ich einen freien Platz, der wie geschaffen war für eine Essecke.

„Was euch helfen würde, wäre ein Tisch mit acht Stühlen“, erklärte ich. „Dann hättet ihr genug Platz, um alle gemeinsam essen oder auch einmal zusammen ein Gesellschaftsspiel spielen zu können. Wenn ihr etwas miteinander macht, redet ihr automatisch mehr miteinander. Das fördert euer Familienleben. Die Kleinen könnten den Tisch außerdem nutzen, um daran zu sitzen, wenn sie etwas malen wollen, und die Großen könnten daran ihre Hausaufgaben machen.“

„Aber dafür haben wir doch kein Geld“, erwiderte die Mutter.

„Darum kümmere ich mich. Du machst dir währenddessen Gedanken darüber, wie ihr in Zukunft an eurem neuen Tisch gemeinsam Zeit verbringt.“

Acht Stühle und einen Esstisch – dafür würde ich etwa 500,- Euro benötigen. Also machte ich mich auf die Suche nach jemandem, der bereit war, 500,- Euro zu spenden. Und es dauerte nicht lange, bis ich diese Person fand.

Ausgerüstet mit einem kleinen Transporter und acht Holzstühlen und einem Tisch auf der Ladefläche, fuhren wir wieder zu der achtköpfigen Familie. Jeder packte mit an, sogar die Kinder schleppten jeweils zu zweit Stühle. Es war das erste Mal, dass die Familie neue Möbel geliefert bekam; bislang hatte sie sich mit Sachen vom Sperrmüll versorgt.

Nun konnte das Familienleben beginnen.

Ein paar Wochen später erzählten Felix und seine Mutter stolz von gemeinsamen Mahlzeiten, gemeinsamen Spielen und davon, dass in der Familie nun auch miteinander am Tisch gemalt und gebastelt wurde.

Natürlich sind durch diese Änderung nicht alle Probleme dieser Familie gelöst, dennoch konnte hier mit relativ wenig Mitteln ein großes Ergebnis erzielt werden. Und wer weiß – vielleicht singt die Familie jetzt zusammen mit Felix an diesem Tisch einige von den Liedern, die er in der ARCHE gelernt hat.

Ein besonderer Willkommensgruß

Es brannte noch kein Licht in dem Flur, der zu meinem Büro führte. Noch war niemand im Haus. Ich wollte an diesem Tag sehr früh beginnen, um Dinge abzuarbeiten, die in den letzten Tagen liegen geblieben waren. Fast eine ganze Woche war ich in der ARCHE Hamburg gewesen. Es war auch mal gut, ein paar Tage zu sehen, wie es in unserer norddeutschen Einrichtung läuft, die ich sonst nur einmal pro Woche sehe.

Ich steckte den Schlüssel ins Schloss, öffnete die Tür zu meinem Arbeitszimmer und schaltete zuerst einmal das Licht an.

Was war das?

An meinem Schreibtisch war ein riesiges Poster befestigt.

Nachdem ich die Tür geschlossen hatte, schaute ich mir dieses übergroße, selbst gemalte Bild an. Da hatte sich jemand viel Mühe gemacht. Viele bunte Blumen auf einem Feld, ein großes Haus, einige Tiere und einige Menschen konnte man auf diesem Kunstwerk erkennen, doch die Überschrift übertraf alles: *Bernd, ich habe dich vermisst. Schön, dass du endlich wieder da bist! Deine Tina.*

War das ein liebevoller Gruß am Anfang dieses Tages, eine Freundschaftserklärung von einem Kind, das mir, wie all die anderen auch, viel bedeutete.

❖

Vor einigen Jahren fiel Tina mir auf, weil sie öfters den ganzen Nachmittag über mit ihrem Schulranzen vor der ARCHE auf der Straße spielte. Sie setzte den Tornister nicht ab, sondern ließ ihn auf ihrem Rücken. Sie war damals etwa acht Jahre alt und ihre hellen blonden Haare leuchteten in der Sonne. Irgendwann nahm ich meinen Mut zusammen und ging die Treppe hinunter, um ihr buntes Treiben von Nahem zu beobachten. Sie hüpfte auf einem Bein vorwärts, blieb stehen, nahm ein Steinchen vom Boden auf, warf es ein Stückchen weiter und hüpfte wieder vorwärts.

„Hey, ich heiße Bernd", stellte ich mich vor. „Wie heißt du?"

Etwas irritiert schaute mich das kleine grünäugige Mädchen an. „Ähm, Tina."

„Ein schöner Name. Sag mal, du spielst hier jeden Tag und hast immer deinen Schulranzen bei dir. Willst du den nicht erst einmal nach Hause bringen?", fragte ich.

Das, was Tina mir dann ein wenig zögerlich erzählte, erschreckte mich.

Tinas Mutter wollte nicht, dass ihre Tochter vor 18:00 Uhr nach Hause kam. Um 18:00 Uhr wartete sie dann mit dem Abendessen auf sie. Erst danach konnte sie Hausaufgaben machen, anschließend durfte sie noch eine Stunde fernsehen und dann ging's ins Bett. Hin und wieder stand Tina morgens allein auf, weil ihre Mutter sie nicht weckte, und lief dann schnell in die Schule, um ja nicht zu spät zu kommen. „Manchmal habe ich schon das Schulbrot von meiner Klassenkameradin geklaut, weil ich so einen Hunger hatte“, erzählte sie weiter.

Ich nahm sie mit in die ARCHE. Hier konnte sie den Schulranzen abstellen, Mittag essen und in aller Ruhe ihre Hausaufgaben machen.

Schnell fand Tina Freunde in unserer Einrichtung, mit denen sie spielte. Ihr war aber auch der Kontakt zu den Erwachsenen sehr wichtig – besonders wir beide verstanden uns vom ersten Tag an. Ich weiß nicht, ob sie in mir eine Art Vater sah, denn ihr leiblicher Vater hatte sich schon vor langer Zeit auf und davon gemacht und die Kleine kannte sonst keine „normalen“ familiären Beziehungen.

Wir redeten viel miteinander, oft erzählte Tina mir von ihren Sorgen und Freuden, und wenn sie einen neuen Witz gehört hatte, kam sie sofort zu mir, um ihn mir zu erzählen. Jeden Tag, wenn sie in die ARCHE kam, warf sie den Schulranzen in die Ecke und rief „Bernd, Bernd!“ Dann rannte sie über den Flur und sprang in meine Arme. Sie hatte endlich Menschen gefunden, die ihr das gaben, was sie am nötigsten hatte: Geborgenheit und Zuneigung. Tina blühte auf, und jeder, der sie kennenlernte, gewann sie sofort lieb.

Natürlich erkundigten wir uns nach ihrer Mutter. Wir wollten wissen, ob es nötig war, das Jugendamt einzuschalten, doch wir merkten schnell, dass da schon einiges lief. Besorgte Nachbarn hatten bereits beim Amt angerufen. Die Sozialarbeiter hatten die kleine Familie immer wieder besucht und nach dem Rechten geschaut. Die Wohnung war ordentlich, es gab genug zu essen, Tina fiel in der Schule nicht auf, sie war sogar eine gute Schülerin und es bestand kein Verdacht auf Verwahrlosung.

Tina entwickelte sich im Laufe der Jahre zu einem lebensfrohen Mädchen, da es Menschen gab, die ihr Leben neu prägten. Auch die Mutter merkte das, und so war es nicht verwunderlich, dass auch sie hin und wieder in die ARCHE kam. So erfuhren wir mit der Zeit auch mehr über sie. Sie hatte in ihrem Leben schon viele Enttäuschungen erlebt, die ihr schwer zugesetzt hatten. Tina war für sie oft eine Belastung und so lebten sie und ihre Tochter sich auseinander.

Auch in unserer Einrichtung sprach Tina nur selten mit ihrer Mutter. Wenn sie sich verletzt hatte oder wenn es ein Problem zu lösen gab, lief sie nicht zu ihrer Mutter, auch wenn diese da war, sondern ging zu einer vertrauten Person unserer Einrichtung. Tina wusste genau, wer sie ernst nahm, sie erkannte sofort, welches Herz für sie schlug, und die Mutter stand oft hilflos daneben.

Wir bemühen uns in der ARCHE darum, die Begabungen der Kinder, die zu uns kommen, zu entdecken und individuell zu fördern. Tina zum Beispiel liebte Musik und sie sang auch immer gerne, deshalb kam sie auch regelmäßig in unseren Chor. Hier konnte sie nach Herzenslust singen, und da sie eine schöne Stimme hatte, durfte sie auch schon mal das eine oder andere Solo zum Besten geben. So zum Beispiel bei einem unserer Familiengottesdienste, zu denen immer viele ARCHE-Kinder und Eltern kommen.

Ganz unerwartet kam auch Tinas Mutter, die sich sonst nicht oft überreden ließ, irgendwo mit dabei zu sein, zu dieser Aufführung. Sie saß während dieser Veranstaltung wie gebannt neben mir, als Tina ihr Solo sang. Die Atmosphäre war prickelnd. Niemand wagte, auch nur einen Ton zu sagen. Alle lauschten auf das begabte Kind, das dieses Lied sang.

Der Mutter liefen die Tränen über die Wangen, als sie zu mir sagte: „Das ist doch nicht mein Kind?!“

„Doch“, entgegnete ich, „das Mädchen mit der wunderschönen Stimme ist Tina.“

Im Anschluss an die Aufführung lief die kleine Tina in meine Arme: „War es schlimm?“, fragte sie.

„Es war toll!“, versicherte ich ihr.

Tinas Mutter nahm ihre Tochter in den Arm, vielleicht seit Langem zum ersten Mal, und obwohl Tina sich zuerst sträubte, genoss sie diese Liebesgeste ihrer Mutter.

❖

Ich legte das große selbst gemalte Poster beiseite, denn darunter türmten sich die Briefe der vergangenen Woche, die ich dann am Vormittag bearbeitete. Rechnungen, Anfragen, Einladungen zu Vorträgen und Bitten um Hilfe hatten sich angesammelt, die alle dringend bearbeitet werden mussten. Auch das Telefon schien an diesem Morgen nicht stillzustehen. Einige hilfsbedürftige Menschen sprachen auch noch vor und schon war ich wieder in meinem ganz normalen Alltag mit den vielen großen und kleinen Schwierigkeiten.

Zwischendurch schaute ich aber immer wieder kurz auf das Kunstwerk, besonders dann, wenn mich der eine oder andere Brief frustrierte. Ich musste dann an Tina denken und daran, dass sich all diese Arbeit für sie und ihre Mutter gelohnt hatte.

Gegen Mittag kam Tina dann vorbei. Wie immer schmiss sie ihren Schulranzen in die nächstbeste Ecke, dann rannte sie über den Flur und rief: „Bernd, Bernd, endlich bist du wieder da! Ich habe dich so vermisst! Hast du das Bild gefunden, das ich dir gemalt habe? Mutti hat gesagt, ich soll mir ganz viel Mühe geben.“

Ich hielt Tina noch einen Augenblick fest und freute mich über dieses Kind und seine Entwicklung, darüber, dass sich ihre Beziehung zu ihrer Mutter verbessert hatte und über ihre Liebe, die mich und meine Mitarbeiter motiviert, dieser Aufgabe, uns für die nachfolgende Generation einzusetzen, nachzugehen.

Das Fest der Hoffnung

Die Aufführung unseres Weihnachtsmusicals, das unsere Kinder in den vergangenen zwei Monaten fleißig einstudiert hatten, war gerade beendet. Tosender Applaus erfüllte den Veranstaltungsraum, der so überfüllt war, dass wir die Veranstaltung per Beamer in einen Nebenraum hatten übertragen müssen.

Langsam leerten sich die Reihen, Weihnachtsgrüße wurden ausgetauscht und es gab auch kleine selbst gebastelte Geschenke von den Kindern für die Mitarbeiter. Es rollten einige Freudentränen.

Auch unsere eigenen Kinder freuten sich endlich auf unsere Familienweihnachtsfeier. Doch noch war es nicht so weit. Jedes Jahr an Heiligabend besuchen ein paar von uns ARCHE-Mitarbeitern Familien, die Weihnachten nicht feiern können, weil sie kein Geld dafür haben. Manchmal sind wir mit acht Mitarbeitern in fünfzig verschiedenen Familien, um das Fest der Freude auch bei ihnen einziehen zu lassen. Das Ganze ist gut durchorganisiert. Jeder hat „seine" Familien, die er besucht, um ihnen Geschenke und Lebensmittel für das Fest zu bringen. Doch alles kann man nicht planen, manchmal muss man auch improvisieren.

Es waren schon fast alle Besucher des Weihnachtsmusicals gegangen, und so konnten wir uns daranmachen, die Autos mit den Weihnachtsüberraschungen für die Familien zu beladen. Während wir packten, kam Yvonne zu mir. Yvonne ist ein 11-jähriges Mädchen, das regelmäßig die ARCHE besucht. Sie hatte beim Musical einen Engel gespielt. Draußen im Gang warteten schon ihre vier Geschwister, die nach Hause wollten, um mit der Familie zu feiern.

„Bernd, ich muss dir noch was sagen", sagte Yvonne. „Bekannte von uns haben nichts mehr zu essen und nichts zu trinken und keine Geschenke für die Kinder. Bis gestern hatten sie auch keinen Strom, weil der abgestellt worden ist – so viele Schulden haben sie. Das Geld, das sie für Weihnachten gespart hatten, haben sie genommen, um die Stromrechnung zu bezahlen, damit sie zu Weihnachten wenigstens Licht haben und die Flasche für das Baby aufwärmen können. Kannst du da nicht helfen?"

Wie oft hatten wir schon miterleben müssen, dass Familien mit kleinen Kindern der Strom abgeschaltet wurde, weil sie ihre Rechnungen nicht bezahlen konnten! Oft wird einem erst bewusst, wie eingeschränkt man ohne Strom ist, wenn man ihn nicht hat. Es kann keine Flasche aufgewärmt werden, der Kühlschrank kühlt nicht, und die Kinder haben in einer Nacht ohne einen kleinen Lichtstrahl, der durch die offene Zimmertür fällt, schreckliche Angst.

Yvonne berichtete mir, dass zwei der Kinder auf einer Matratze schlafen mussten, weil sie keine Betten hatten. Schränke oder Regale gab es auch nicht, sodass die Kleidung in Kartons gelagert wurde.

Yvonne gab mir den Namen und die Adresse der Familie, und wir gingen nochmals in den Kühlraum und ins Lager, um auch für diese Leute noch etwas einzuladen. Glücklicherweise haben wir für solche Notfälle immer genügend Reserven.

Meine Frau und unsere Kinder fuhren nach Hause, um dort alles für unsere Familienfeier vorzubereiten; nur Judith, meine älteste Tochter, blieb, um mir zu helfen. Es gab kaum noch eine freie Ecke in dem voll beladenen Fahrzeug und so quetschten wir uns auf die Sitze und fuhren durch die schneebedeckten Straßen von Berlin. „Papa“, sagte meine Tochter, „es ist schön, was wir machen. Ich möchte auch Erzieherin werden und in der ARCHE arbeiten. Die Menschen brauchen uns – ganz besonders zu Weihnachten.“

Ich musste ihr recht geben.

Die Familie, von der Yvonne uns erzählt hatte, besuchten wir zuerst. Schließlich hatten wir die Geschenke und Lebensmittel für sie ganz zum Schluss eingeladen.

Auf einer der unzähligen Klingeln am Eingang des Plattenbaus fanden wir den Namen, den Yvonne uns genannt hatte. Die Klingel war ganz oben, also lebten die Betreffenden wohl im obersten Stockwerk. Überall im Haus brannte Licht, also würde auch diese Familie zu Hause sein.

Wir klingelten, aber niemand öffnete. Wir klingelten ein zweites Mal, aber es regte sich nichts. Als wir schließlich fast zehn Minuten Sturm geklingelt hatten, vernahmen wir eine unsichere Stimme durch die Gegensprechanlage: „Wer ist da?“

„Der Weihnachtsmann mit einer Überraschung“, antwortete ich.

„Den gibt es nicht“, hörte ich die Stimme sagen, doch ertönte gleich darauf ein Summen und die Tür ließ sich öffnen.

Meine Tochter und ich trugen unsere gut gefüllten Kartons die Treppe hinauf. Wir hatten Brot, Butter, Milch, Nudeln, Dosensuppen, Fleisch und Getränke, aber auch Spielzeug eingepackt, um dieser Familie ein Weihnachtsfest zu bescheren, das sie so schnell nicht vergessen sollte.

Von oben hörten wir Schritte. Zwei Kinder kamen, mit Nachthemden bekleidet (es war erst 19:00 Uhr), die Treppe herunter. Sie hatten wohl Hoffnung geschöpft, als sie durch die Gegensprechanlage von dem Weihnachtsmann gehört hatten, und wollten sehen, was es damit auf sich hatte. Sie jubelten, als sie die Geschenke sahen. Unmittelbar hinter ihnen kam ein Mann die Treppe herunter. Er hatte ein kleines Baby auf dem Arm.

„Wir kommen von der ARCHE", erklärte ich, „und wir haben gehört, dass Weihnachten dieses Jahr bei Ihnen ausfallen soll. Das können wir nicht zulassen."

Tränen standen dem Mann in den Augen, als wir ihm unsere Sachen entgegenhielten. Inzwischen war auch seine Frau bei uns angelangt. Sie wollte die Geschenke erst nicht annehmen; sie schämte sich fürchterlich.

Doch meine Tochter und ich drängten sie ihr förmlich auf. „Es ist für alle etwas dabei", sagte Judith, „für jedes Kind ein Geschenk, ein Weihnachtsstollen und ein paar Kleinigkeiten, die Ihnen hoffentlich Freude bereiten."

Während die Kinder mit den Geschenken nach oben verschwanden, fielen uns die beiden Erwachsenen um den Hals. „Danke!", sagte die Mutter. „Das ist das schönste Weihnachtsgeschenk, das wir je bekommen haben. Wir würden Sie ja gern in unsere Wohnung einladen, aber wir schämen uns zu sehr. Bitte seien Sie uns nicht böse ..."

Wir wollten uns nicht aufdrängen, hatten wir diese Familie doch im Grunde völlig überrumpelt. Doch ließen wir es uns nicht nehmen, sie einzuladen, nach Weihnachten in der ARCHE vorbeizukommen, was sie dann auch taten.

Heute geht es mit dieser Familie endlich aufwärts. Wir konnten Betten und Schränke für die Kinder besorgen, sie bei Amtsgängen unterstützen und ihnen mit Rat und Tat zur Seite stehen, wenn sie uns braucht. Sie wissen, dass sie in der ARCHE Freunde haben, denen sie sich anvertrauen können.

Für sie war dieses Weihnachtsfest ein Wendepunkt in ihrem Leben.

❖

Es war ein langer Tag und wir hatten viele glückliche Gesichter gesehen. Erschöpft, aber glücklich kamen wir zu Hause an und freuten uns auf unsere eigene Feier. Doch unsere Familie wollte zuerst von den anderen Kindern hören, die wir besucht hatten. Sie wollten wissen, wie es ihnen ginge und ob sie sich gefreut hatten.

Als wir alles erzählt hatten, kam auch bei uns so richtig Weihnachtsstimmung auf. Wir überreichten uns gegenseitig Geschenke und freuten uns über Gottes Geschenk an uns: seinen Sohn, der für uns geboren wurde. Aber wir freuten uns auch, dass heute bei vielen Familien wieder Hoffnung auf ein besseres, lebenswertes Leben eingekehrt war, weil der Besuch der ARCHE-Mitarbeiter ihnen gezeigt hatte, dass sie unendlich wertvoll sind, auch wenn sie nicht viel besitzen.

Spätes Familienglück

Endlich neigte sich der lange Sommertag dem Ende zu. Als ich zu Hause ankam, ging gerade die Sonne unter, und ein warmer Wind blies mir ins Gesicht. Eigentlich war ich froh, endlich bei meiner Familie sein zu können, denn ich hatte einen ereignisreichen und anstrengenden Tag hinter mir. Ein 12-jähriges Mädchen war heute ins Krankenhaus gebracht worden, weil es sich in unserem Sportraum das Knie ausgekugelt hatte; eine Mitarbeiterin von mir hatte eine Frau mit ihren drei Kindern ins Frauenhaus bringen müssen, damit diese vor ihrem gewalttätigen Mann sicher war; und ich hatte ein Fax erhalten, in dem mich ein anonymer Schreiber aufforderte, doch endlich den Bezirk zu verlassen und die faulen, alkoholkranken Eltern und ihre Bälger sich selbst zu überlassen.

Natürlich hatte es an diesem Tag aber auch schöne Augenblicke gegeben. Trotzdem war ich an diesem Abend ziemlich fertig.

Meine Frau hatte bereits die Kinder zu Bett gebracht, mir ein paar Scheiben Brot geschmiert und einen Tee gekocht. Auch sie war froh, dass ich jetzt endlich einige Momente der Ruhe mit ihr genießen konnte. Obwohl wir im gleichen Haus arbeiten, kommt es häufig vor, dass wir uns nur mal kurz im Vorbeigehen sehen, vor allem an Tagen wie diesem.

Wir nutzten diesen Sommerabend, um auf der Terrasse zu sitzen, dem letzten Vogelgezwitscher dieses Tages zu lauschen und die Beine hochzulegen.

Als ich gerade ein wenig zur Ruhe gekommen war, klingelte mein Handy. Am anderen Ende der Leitung lallte eine Stimme ins Telefon, die ich sofort erkannte. Es war die von Rainer.

Rainer war der Vater von drei Kindern, die zwei- bis dreimal pro Woche in die ARCHE kamen, um dort zu Mittag zu essen, ihre Hausaufgaben zu machen und mit den anderen Kindern zu spielen.

Rainer war gelernter Maurer, hatte aber seine Arbeit verloren, weil die Firma Konkurs gegangen war. In der Hoffnung auf Arbeit war er mit seiner Familie aus einem kleineren Dorf in die Hauptstadt Berlin gezogen. Hier hatte er zwar eine einigermaßen bezahlbare Wohnung gefunden, jedoch keine Arbeit. Nach diversen ABM-Maßnahmen und Weiterbildungen durch das Arbeitsamt war er zwar motiviert, aber die ständigen Absagen auf seine Bewerbungen zermürbten ihn und seine Familie, und natürlich führte die frustrierende Situation immer wieder zu Spannungen. Es kam häufig zu Meinungsverschiedenheiten mit seiner Frau, unter denen die Kinder jedoch glücklicherweise niemals litten, da die Eltern versuchten, sie so weit wie möglich rauszuhalten. Doch irgendwann eskalierte die Situation und Rainer musste ausziehen. Die Kinder blieben bei seiner Frau.

Nach der Trennung war er zunächst ins Obdachlosenheim gezogen, dann hatte er jedoch eine kleine Wohnung in der Nachbarschaft der ARCHE gefunden. So konnte er wenigstens zum Mittagessen in unsere Einrichtung kommen und dort seine Kinder sehen. Die

Beziehung zu seiner Frau war nicht ganz am Ende, und so stellte es für sie kein Problem dar, dass er wenigstens mittags in der ARCHE seine Kinder sehen konnte.

Seit der Trennung trank er immer wieder Alkohol, weil er seine Frau und die drei Kinder schrecklich vermisste. Wie es schien, hatte er auch an diesem Abend wieder zur Flasche gegriffen, doch das hatte wohl nicht geholfen. Er war mit den Nerven fertig und musste unbedingt mit jemandem reden, also hatte er mich angerufen.

Er klang verzweifelt, als er ins Telefon stammelte: „Ich habe ein Problem, Bernd. Cindy hat übermorgen Geburtstag und ich habe kein Geld mehr für ein Geburtstagsgeschenk. Ich weiß nicht, was ich tun soll. Warum ist nur alles so ungerecht?"

Cindy war Rainers jüngste Tochter. Sie würde in zwei Tagen ihren achten Geburtstag feiern, aber er hatte kein Geld, um ihr ein Geschenk zu kaufen. Durch die Arbeitslosigkeit und die doppelte Mietbelastung war das Geld knapp, dennoch wollte der Vater seinem Kind eine Freude bereiten.

Natürlich könnte man sagen, dass er einfach weniger trinken sollte, damit er mehr Geld für seine Kinder hat, doch so leicht kann man es sich nicht machen. Rainer wollte arbeiten, und er wollte auch ein guter Vater sein, doch er war schlicht und einfach an den Grenzen seiner eigenen Möglichkeiten angelangt.

„Kein Problem, Rainer", sagte ich. „Wir können morgen in unser Lager gehen. Dort haben wir ein paar Sachen, die ein Spielwarengeschäft gespendet hat. Da kannst du dir für deine Cindy etwas Schönes aussuchen."

Wir verabredeten uns für den nächsten Tag, und Rainer wählte für seine Tochter einen Bastelkasten aus, den er ihr am Tag darauf glücklich überreichte.

Kurze Zeit später meldete sich in unserem Büro der Geschäftsführer eines norddeutschen Unternehmens. Im Fernsehen hatte er einen Bericht über unsere Arbeit gesehen – eine Reportage über Kinderarmut und über die Eltern der ARCHE-Kinder, die häufig arbeitslos sind.

Der Geschäftsmann hatte den Bericht aufmerksam verfolgt und erfahren, dass es in unserer Einrichtung eine Reihe von Menschen gibt, die unverschuldet in Not geraten sind. Er erkundigte sich detailliert über die Arbeit der ARCHE und fragte schließlich, ob er uns nicht einen Arbeitsplatz zur Verfügung stellen könne. Er suche zwar eigentlich niemanden, aber er wolle gerne etwas für eine Familie in Not tun.

Sofort dachte ich an Rainer, der, wie er wusste, fleißig war. Ich bat den Geschäftsmann um etwas Zeit, damit ich alles in die Wege leiten konnte, und versprach ihm, dass sich in den nächsten Tagen jemand bei ihm melden würde. Anschließend rief ich Rainer an und erzählte diesem von dem Angebot.

Natürlich war Rainer begeistert, doch ihm war klar: Wenn er nach Norddeutschland zog, um seiner neuen Arbeit nachzugehen, würde er seine Kinder nur noch sehr selten sehen, deshalb wollte er zuerst mit seiner Frau und den Kindern reden.

Herausgeputzt mit Anzug und Krawatte und mit einem Strauß Blumen in der Hand, marschierte er zu seiner Familie. Es dauerte nur wenige Stunden und Rainer stand wieder im Büro. „Ich möchte gern mit diesem Geschäftsmann telefonieren", erklärte er. „Ich werde diese Chance nutzen, und meine Familie will mit mir mitkommen, damit wir noch einmal von vorn beginnen können." Rainer war glücklich und aufgeregt zugleich. Er wusste, dass alles von diesem Job abhängen würde.

Nur wenige Wochen später stand ein Möbelwagen vor der Tür der fünfköpfigen Familie. Ihr gesamtes Hab und Gut war bereits verladen. Die drei Kinder, Rainer und seine Frau verabschiedeten sich von unseren Mitarbeitern. Mit einem lachenden und einem weinenden Auge verließen sie Berlin.

„Bernd", sagte Rainer bei unserem Abschied, „danke, dass ihr uns nicht vergessen habt. Ich werde jetzt alles richtig machen. Ich werde meiner Frau ein liebender Mann, meinen Kindern ein guter Vater und meinem neuen Arbeitgeber ein zuverlässiger Mitarbeiter sein. Und ich rufe dich regelmäßig an, damit du weißt, wie es uns geht."

Nun leben Rainer und seine Familie in Norddeutschland. Sie haben die große Herausforderung angenommen. Mittlerweile hat auch Rainers Frau Arbeit und die Familie hat zu ihrem Glück zurückgefunden. Hin und wieder bekomme ich eine Karte oder einen Anruf von Rainer, und er berichtet mir, wie es ihm, seiner Frau und seinen Kindern geht. Er hat diese Entscheidung nicht einen Tag bereut. Er ist einfach nur froh über sein spätes Familienglück.

Eine ARCHE-Schule für Berlin

Viele unserer Kinder haben in ihren Schulen Lernschwierigkeiten. Kürzlich las ich einen Artikel in einer Berliner Zeitung, in dem stand, dass gerade Kinder und Jugendliche aus sozial schwachen Familien Probleme in der Schule haben. Das können wir aus unserer Erfahrung nur bestätigen. Kaum eines der Kinder, die die ARCHE besuchen, schafft es auf ein Gymnasium, geschweige denn bis zu einem Universitätsabschluss.

Sind diese Kinder von vornherein zur Erfolglosigkeit verurteilt? Und wenn ja, woran liegt das?

Viele Eltern von ARCHE-Kindern haben ihre Lebenslust schon früh verloren. Arbeits- und Perspektivlosigkeit, Hartz IV, viele Kinder und zu kleine Wohnungen – man ist im eigenen Stadtteil oder im „Kiez“, wie die Berliner sagen, quasi gefangen. Diesen Menschen fehlen oft die Möglichkeiten und fast immer das Geld, um ihren Nachwuchs individuell zu fördern – schulisch wie auch in außerschulischen Begabungen.

Was heißt das? Die Kinder haben in der Regel kaum die Möglichkeit, im Verein Sport zu machen oder Nachhilfeunterricht zu nehmen, weil die Eltern so etwas schlicht und einfach nicht bezahlen können. Sie sind vom ganz normalen sozialen Leben ausgeschlossen.

Dadurch verlieren sie häufig auch den Kontakt zu anderen Kindern, die aus etwas besser gestellten Familien stammen.

So entstand bei uns im Laufe der Zeit eine Idee: Wir wollten eine ARCHE-Schule eröffnen. Eine Schule für „ganz normale" Kinder, aber auch für Kinder aus finanziell schlechter gestellten Familien, die besonders gefördert werden sollten. Damit das möglich war, sollten die Klassen klein gehalten werden – nicht mehr als 20 bis 25 Kinder pro Klasse. 60 Prozent der Kinder sollten aus sozial benachteiligten Familien kommen. Sie würden durch einen Sozialfonds gefördert werden. Pro Klasse sahen wir eine Lehrerin bzw. einen Lehrer vor sowie einen Erzieher bzw. eine Erzieherin. Zusätzlich sollten Nachhilfelehrer zur Verfügung stehen für die Kinder, die Probleme in dem einen oder anderen Fach haben würden. Wichtig war uns auch die Vermittlung christlicher Werte an unserer Schule. Das ist in Berlin nicht leicht – gerade hier bei uns im Osten. Rund 90 Prozent der ARCHE-Kinder kommen aus Familien, die schon seit Generationen ohne Glauben aufwachsen. In Berlin wurde jetzt gerade der Werteunterricht eingeführt und das Fach Religion als Pflichtfach abgeschafft.

War diese Idee zu verwirklichen?

Im Herbst 2006 bekamen wir hohen Besuch. Vernor Muñoz, UN-Sonderberichterstatter für das Recht auf Bildung, besuchte die ARCHE. Er war für einige Wochen in Deutschland, um die Situation der Schulen in unserem Land zu untersuchen. Er sprach mit vielen ARCHE-Kindern und anschließend redeten wir mit ihm über die Bildungschancen unser jungen ARCHE-Besucher.

Was hatte Herr Muñoz in Deutschland herausgefunden? Die Antworten waren – und sind es auch heute noch – schockierend. Das Bildungssystem orientiert sich nicht am Potenzial der Kinder; viele werden in der Grundschule links liegen gelassen – warum auch immer. Die Kinder aus den „normalen" Familien gehen in der Regel nach der vierten Klasse auf Realschulen und Gymnasien, die Kinder aus Migranten- und ärmeren Familien landen in den Hauptschulen. Zum ersten Mal hörte ich das von offizieller Seite. Muñoz erzählte, dass nach der Grundschule 44 Prozent aller Kinder an falsche Schulen vermittelt würden. Unser Bildungssystem gründe auf dem Prinzip, dass alle Schulen – Gymnasien, Real- und Hauptschulen wie auch sogenannte Sonderschulen – von ausreichend Schülern besucht werden würden, damit möglichst wenig Schulen geschlossen werden müssten. Das unterstrich die Erfahrungen, die wir in der ARCHE täglich machen.

Das alles bestätigte uns in unserem Vorhaben, eine ARCHE-Schule zu gründen. Nach einigen Gesprächen fanden wir einen guten Partner, die Freien Evangelischen Schulen Berlins (FESB), die bereits zwei Grundschulen und eine Realschule in der Hauptstadt unterhielten. In Clemens Volber, dem Vorsitzenden des Vereins der Schule, fanden wir einen Partner, der viel Verständnis für Deutschlands vergessene Kinder hat.

Aber es mussten auch noch andere Aufgaben bewältigt werden.

Wir planten, die Schule für das Schuljahr 2006/07 zu eröffnen. Doch die Suche nach einem geeigneten Gebäude erwies sich als nicht ganz einfach. Viele Gebäude waren zu teuer oder zu groß, da wir zunächst nur zwei oder drei Räume nutzen mussten. Zudem sollte die Schule zentral liegen. Als wir ein passendes Gebäude gefunden hatten, standen zähe Verhandlungen mit dem Bezirk an. Letztendlich kam es dann doch zu einer Einigung.

Viele der Eltern, die ihre Kinder ursprünglich in die ARCHE-Schule schicken wollten, hatten diese aus Sorge, die Schule würde doch nicht eröffnen, jedoch mittlerweile an einer städtischen Schule angemeldet. So hatten wir vor Schulbeginn nur eine kleine Klasse mit zwölf Kindern zusammen, die in einer sogenannten lernübergreifenden Gruppe – also mit Kindern aus zwei Schuljahren, den Klassen eins und zwei – von einer Lehrerin unterrichtet werden würden.

Es sollte jedoch nicht ohne weitere Hindernisse losgehen. Offensichtlich waren nicht alle im Kiez von der Sache begeistert, und so wurden Brandsätze in unserem Schulgebäude gelegt. Das heißt, wir mussten zuerst noch einige Räume renovieren. Doch schon nach einigen wenigen Tagen hatte sich die Situation beruhigt und der Schulalltag konnte beginnen.

Mittlerweile zeigen immer mehr Eltern Interesse für unsere neue Schule. Wir haben bereits einige Anmeldungen für die kommenden Jahre. In Zukunft werden wir von jedem Jahrgang zwei Klassen haben. Irgendwann soll dann auch eine Oberschule daraus wachsen. Eines wollen wir garantiert nicht: eine sogenannte Getto-Schule. In unserer Schule sollen Talente gefördert werden, auch die von den Kindern, die aus Familien kommen, die sich eine private Förderung nicht leisten können. Hier sollen Kinder aus allen Schichten miteinander lernen und spielen. Ich will eine Schule, in der Kinder lernen, mit ihren Unterschieden zu leben, und in der Kinder so angenommen werden, wie sie sind. Kinder dürfen für ihr Anderssein oder Andersaussehen nicht bestraft werden. Das ist das, was ich mir erträume.

Ich komme wieder auf den Bericht von Vernor Muñoz zurück. Wenn das, was er herausgefunden hat, stimmt, dann wird ein Großteil der Kinder von den Kindern, die heute im Alter zwischen null und acht Jahren sind, mit einer schlechten Bildung aufwachsen und außerhalb der funktionierenden Gesellschaft leben. Wo soll das noch hinführen, wenn wir jetzt nicht eingreifen?

Sofern die finanziellen Mittel es zulassen, werden wir die Arbeit der ARCHE-Schule sicherlich noch erweitern. Dafür brauchen wir jedoch die Hilfe vieler Menschen. Ganz gleich, wie groß man das Ausmaß von tatsächlicher Armut und die faktische Situation unserer ARCHE-Familien auch einschätzen mag: Übereinstimmung besteht darin, dass von allen zur Armut beitragenden Faktoren mangelnde Bildung am deutlichsten durchschlägt. Rund 64 Prozent aller Sozialhilfeempfänger haben keinen Schulabschluss oder sind Hauptschulabgänger. Wem es nicht gelingt, sich in frühen Jahren eine gute Qualifikation anzueignen, der kann unter den heutigen Leistungsanforderungen in der Wirtschaft, aber auch in der Gesellschaft nicht mithalten.

Erst Muñoz musste uns Deutschen sagen: „Nur gekoppelt mit einem deutlichen Fordern und Fördern in Richtung Bildung, sind wirkliche Erfolge in der Armutsbekämpfung – unter sonst gleichen Bedingungen – zu erwarten.“ Bildung hat in dieser Hinsicht eine weitaus größere Bedeutung, als dass sie lediglich Wissensvermittlung ist. Mit ihr geht vor allem eine Haltung des Vertrauens in die eigenen Fähigkeiten und ihrer Weiterentwicklung und damit auch eine gewisse Anspruchsentwicklung einher, die sich später im Erwachsenenleben als notwendig erweist.

Viele der Eltern unserer ARCHE-Kinder haben ein sehr geringes Selbstwertgefühl und damit einhergehend auch ein sehr geringes Selbstvertrauen, und genau das vermitteln sie ihren Kindern weiter. Wie oft hören wir von unseren Kindern Sätze wie: „Ich kann nichts!" oder: „Ich bin nichts!" Das aus Kindermund zu hören ist erschütternd. Hier müssen wir sehr viel Motivationsarbeit leisten. Ein starkes Vertrauen in die eigene Person ist die Basis für das gesunde Aufwachsen eines Kindes. Die Kinder müssen bei uns erst lernen, sich etwas zuzutrauen. Ein Kind, das plötzlich begreift, dass es gut Fußball spielen kann, traut sich oft auch wieder mehr in der Schule zu. Ein Kind, das begreift, was für eine tolle Stimme es hat, hat plötzlich wieder mehr Spaß am Leben und wird wieder mutiger. Solche Beispiele machen mir – machen uns in der ARCHE – Mut, und deshalb hören wir nicht auf, unsere Kinder zu fördern, wo wir nur können.

Ein kleiner Feuerwehrmann

Seit einiger Zeit kommt ein Junge namens Moritz in die ARCHE. Der sechsjährige kleine Kerl lebt mit seinen fünf Geschwistern bei seiner Mutter. Als wir Moritz kennenlernten, war er stark untergewichtig und er sprach sehr schlecht. Die Mutter war nicht in der Lage, sich um die Großfamilie zu kümmern. In der Wohnung sah es schlimm aus. Die Kleidung der Kinder lagerte in Kartons, die sich bis unter die Decke stapelten. Es gab nur wenige Möbel; nicht einmal Betten für die Kinder. Sie schliefen auf dem nackten Boden. Eine Mitarbeiterin der ARCHE ging in die Familie und half erst einmal aufzuräumen. Dann führten wir unzählige Gespräche mit der Mutter. Das Jugendamt hatte die Familie bereits im Auge.

Eines Tages erzählte mir Moritz: „Bernd, ich habe bald Geburtstag."

Ich fragte ihn, was er sich denn wünsche.

Er blickte mich mit seinen großen, braunen Augen an und antwortete: „Ich will Feuermann werden."

Da muss doch was zu machen sein, dachte ich mir. Eine Mitarbeiterin rief bei der Berliner Berufsfeuerwehr an und schilderte diesen besonderen Fall. Zwei Wochen später, an seinem Geburtstag, bekam Moritz eine Einladung von der Feuerwehr. Er durfte in einem Löschwagen mitfahren, das Blaulicht ausprobieren und die Fahrzeuge genauestens begutachten. Zu guter Letzt gab es noch eine Überraschung für ihn: Er durfte mit dem Leiter der Wache an die Spritze und ein kleines Feuer löschen. Daraufhin ernannte man ihn zum Ehrenmitglied der Berliner Feuerwehr.

Für Moritz war dieser Tag ein unvergessliches Erlebnis. Er versprach den Feuerwehrleuten, in der Schule immer fleißig zu lernen, um später selbst einmal Feuerwehrmann werden zu können.

Der keine Moritz spricht noch immer fast täglich von diesem tollen Erlebnis. Für ihn war das der schönste Tag in seinem Leben.

Natürlich hat sich dadurch nichts an der schwierigen Situation der Familie des kleinen Jungen geändert, aber Moritz durfte wenigstens einmal für einen Tag ein Stück unbeschwerte Kindheit erleben.

Wir halten weiter Kontakt zu Moritz und seiner Familie. So können wir die weitere Entwicklung der Kinder beobachten und der Mutter mit Rat und Tat zur Seite stehen.

Moritz geht inzwischen übrigens auf die ARCHE-Schule. Seitdem hat er sich fantastisch entwickelt. Er ist glücklich, die Schule besuchen zu dürfen, und seine schulischen Leistungen haben sich merklich gebessert.

Schlussworte

Ausblick in die Zukunft

Oft sitzen wir ARCHE-Mitarbeiter zusammen und wir stellen uns die Frage: Wie geht es weiter? Wo werden wir in zehn Jahren stehen? Wo stehen unsere Kinder in zehn Jahren? Was können wir für sie erreichen? Ja, das sind wichtige Fragen.

Ein Werk wie die ARCHE braucht Visionen, aber auch einen klaren Weg mit noch klareren Zielen. Fast wöchentlich erreichen uns Briefe, E-Mails und Telefonate mit der Frage: Können Sie nicht auch eine ARCHE bei uns in der Gegend eröffnen?

Die Kinderarmut scheint immer mehr zu wachsen und die Verwahrlosungsfälle scheinen sich zu häufen. Im Schnitt sterben jede Woche zwei Kinder an den Folgen von Verwahrlosung und immer mehr Familien stehen vor großen existenziellen Problemen. Natürlich merken wir, dass unser Konzept ankommt, und auch die Expansion der letzten Jahre nach Hamburg und München hat uns gezeigt, dass Hilfe nötig ist – auch über Berliner Grenzen hinaus. Glücklicherweise haben wir Menschen und Organisationen gefunden, die uns helfen, die Projekte, die unsere Kinder brauchen, auch finanziell umzusetzen, aber wie wird es weitergehen?

Unsere Kinder brauchen noch viel mehr, als wir ihnen heute bieten. Eine Mitarbeiterin, die schon viele Jahre bei uns arbeitet und die ARCHE-Kinder regelmäßig zu Hause besucht, fragt mich immer wieder: „Wann werden wir eine betreute Wohngemeinschaft für unsere Problemkinder eröffnen?“ Bis jetzt habe ich sie immer vertröstet, aber so eine WG wäre ein wichtiger Schritt nach vorn.

Seit einigen Jahren träumen meine Frau und ich von einem großen Bauernhof, auf dem unsere Stadtkinder das Wochenende verbringen können. Wo sie lernen, mit Tieren und mit der Natur umzugehen, und erfahren, was man mit seinen zwei Händen alles machen kann. Viele unserer Kinder kennen nicht einmal die wichtigsten Nutztiere. Auf so einem Bauernhof sollte auch die Möglichkeit bestehen, dass Kinder, die nicht mehr zu Hause leben können, sozialpädagogisch betreut werden.

Vielleicht bleibt das nur ein Traum, vielleicht kann er aber auch Realität werden.

Vor Kurzem erreichte mich ein Brief von einer Mutter mit mehreren Kindern aus Meißen bei Dresden. Sie schrieb darin von Schulden, Problemen in der Erziehung und persönlichen Krisen. Sie wollte sich nicht an staatliche Stellen wenden, aber sie bat um Lebensmittel und ein paar Spielsachen für ihre Kinder. Dann fragte sie, ob wir nicht bald eine ARCHE in ihrer Stadt eröffnen könnten. Wir haben dann ein großes Paket fertig gemacht und es der Familie geschickt, die sich auch umgehend per Post bedankte. Eine ARCHE in Dresden haben wir noch nicht, aber wir werden abwarten, welche Türen sich in der Zukunft noch öffnen.

Vor einigen Monaten meldete sich ein Pastor aus Memmingen. Er hatte mitbekommen, dass in „seiner“

Stadt Kinder mit sozialen Problemen leben. Er ging der Sache auf den Grund und fand heraus, dass dem tatsächlich so ist. Gemeinsam mit Freunden gründete er eine Stiftung für diese Kids, er nahm Kontakt mit der ARCHE auf und bat uns, ins Allgäu zu kommen, um dort eine ARCHE aufzubauen. Diesem Ruf werden wir folgen und in Memmingen ARCHE Nummer 5 eröffnen.

Natürlich werden wir nicht die ganze Welt verändern, sondern immer nur Einzelnen helfen können, und das ist uns auch wichtig. Uns ist daran gelegen, dass wir zu jedem Kind und zu jedem Erwachsenen, das bzw. der die ARCHE besucht, eine persönliche Beziehung haben. Wir wollen Vertrauen schenken und uns in den Einzelnen investieren. Jedes Problem ist gleich wichtig, und jeder Mensch hat das Recht, dass ihm jemand zuhört. Jedes Kind muss ein Recht auf Familie, Freunde, Bildung, Chancen und vor allem auf Liebe haben. Die ARCHE soll ein Ort sein, wo Kinder das finden.

Jeder Weg beginnt mit einem Schritt und wir möchten für die Kinder in Deutschland noch viele Schritte gehen.

Nachwort von Wolfgang Büscher

Als ich vor einigen Jahren Sprecher der ARCHE wurde, war ich sehr glücklich. Ich konnte etwas bewegen, ich hatte eine neue Aufgabe. Ich war Sprecher eines Vereins, der sich um die Belange von Kindern kümmerte, die auf ganz unterschiedliche Art und Weise vernachlässigt werden. Natürlich, das Geld ist bei fast allen Familien von ARCHE-Kindern knapp. Doch das Phänomen Kinderarmut ist mit Geld allein wohl nicht zu lösen. Ich habe ein kleines Büro im Haus der Bundespressekonferenz. Dort haben viele Redaktionen von Zeitungen sowie Radio- und Fernsehsendern ihr Berliner Büro. Als ein Kollege einer großen deutschen Tageszeitung von meiner neuen Aufgabe hörte, sprach er mich darauf an. Er sagte: „Ich rede mit dir gerne über das Thema Kinderarmut, aber vorher klären wir beide, wo die überhaupt anfängt."

Was meinte er damit? Ist es tatsächlich so, wie ich es auch in der ARCHE schon gehört habe, dass Kinder in unserem Land keine Lobby haben? Kinder dürfen nicht wählen und sind daher auch für die Politik wenig interessant. Es gibt zwar eine Kinderkommission des Deutschen Bundestages, aber das wissen nicht einmal alle Journalisten hier in Berlin.

Zu Beginn meiner Arbeit für die ARCHE habe ich zusammen mit Bernd Siggelkow eine typische ARCHE-Familie besucht: Mutter, drei Kinder, eine Katze, ein Hund und ein Hase. Einen Mann gab es in dieser Familie nicht. Die Kinder stammten alle von unterschiedlichen Vätern. Die Mutter hatte pausenlos eine Zigarette im Mundwinkel. In der Wohnung sah es nicht gerade toll aus. Es war unaufgeräumt und verqualmt, die Möbel und der Teppichboden waren abgewetzt. Was mir auffiel, war eine teure Stereo-Anlage und ein großer Fernseher, neuester Jahrgang, soweit ich das einschätzen konnte. Das und Ähnliches habe ich später immer wieder in den Wohnungen vieler Hartz-IV-Empfänger gesehen. Auch einigen meiner Journalisten-Kollegen fällt das immer wieder auf. „Denen scheint es ja nicht so schlecht zu gehen. So ein Gerät habe ich ja nicht." Wie oft habe ich das schon gehört!

Aber diese Familien setzen eben andere Prioritäten. Sie definieren sich nicht über das, was sie sind, sondern über das, was sie haben oder besitzen. Die Mutter ist den ganzen Tag zu Hause, eine Chance auf einen neuen Job wird sie, wenn man ehrlich ist, nie mehr bekommen. Geld für Reisen und Shoppen ist nicht da und für ein Auto oder ein Nahverkehrsticket reicht es sowieso nicht. Der Fernseher läuft den ganzen Tag, ist der Mittelpunkt des täglichen Lebens. Vor dem Fernseher empfängt man Besuch, hier essen auch die Kinder, wenn der Kühlschrank etwas zu essen hergibt. Die Flimmerkiste wird um sechs Uhr morgens eingeschaltet und nicht vor 23 Uhr ausgestellt.

Und viele dieser Familien können auch mit dem wenigen Geld, das sie zur Verfügung haben, nicht umgehen. Oft reicht es dann nicht einmal mehr für die Strom- oder Wasserrechnung oder gar für die monatliche Miete. Immer wieder bitten Mütter die ARCHE um Hilfe. Dann, wenn zum Beispiel eine Räumungsklage droht oder wenn der Strom oder das Wasser abgestellt wurde. Manchmal bewundere ich die Mitarbeiter unser Kinder- und Jugendeinrichtung, wenn sie bis spätnachts die Familien besuchen, um ihnen bei der Lösung ihrer Probleme zu helfen. Was ist da schon ein Fernsehgerät, diese sogenannte Einmalanschaffung?

Ich möchte hier nicht falsch verstanden werden. Ein einfaches und kleineres Gerät täte es auch, aber viele der Familien haben eben nie gelernt, mit ihrem Geld richtig zu haushalten. Viele der Mütter sind auch ein Stück weit lebensunfähig. Aber: Die Kinder können nichts dafür. Sie trifft keine Schuld.

Vor wenigen Tag besuchte mich eine Filmemacherin. Sie sprach lange mit einer Mutter, die in unserer Einrichtung arbeitet. Ulla hat sieben Kinder von drei verschiedenen Männern. Drei der Kinder haben ihre Schulausbildung abgebrochen oder abbrechen müssen. Keines ihrer Kinder hat einen Job oder einen Ausbildungsplatz bekommen. Die Filmemacherin, die in der ARCHE Material für einen neuen Film sammeln wollte, war geschockt. Die Chance, dass eines dieser Kinder einmal in die Fußstapfen von Gerhard Schröder tritt, sind gleich null. Man kann hier durchaus von einer sogenannten Hartz-IV-Dynastie sprechen.

Als ein deutscher Politiker das Wort „Unterschicht" bekannt machte und sich darüber wunderte, dass sich die Kinder dieser Familien nicht selbst aus ihrer Situation befreiten, meinte eine Mitarbeiterin der ARCHE kopfschüttelnd: „Der war doch noch nie in so einer Familie. Keins dieser Kinder wird je lernen, wie es sich selbst befreien kann. Keins dieser Kinder wird je begreifen, wie wichtig die Schule ist, wenn die eigene Mutter morgens nicht einmal aufsteht, um es für die Schule zu wecken."

Kürzlich ergab eine Untersuchung, das 40 Prozent aller Kinder aus sozial schwachen Familien ohne Frühstück in die Schule gehen. Die Folgen kann man sich ausmalen.

Ich bin stolz, in einem Land zu leben, in dem der Sohn einer Putzfrau Kanzler geworden ist – so habe ich früher, vor meiner ARCHE-Zeit, gedacht. „In diesem Land kann jeder alles werden. Man muss nur dran glauben." So oder ähnlich habe ich damals argumentiert. Aufgrund meines jetzigen Wissens und meiner Erfahrung durch die Arbeit in der ARCHE ärgere ich mich heute über solche Aussagen. Wenn eine Frau Schröder ihren Sohn Gerhard durch harte Arbeit und mit einer Werterziehung in einer schwierigen Zeit großgezogen hat, dann ist das eine große Leistung. Viele andere Mütter und Väter haben das auch geschafft und bekommen das auch heute noch hin. Und das oft unter schwierigsten Bedingungen, auch wenn die Kinder nicht immer Bundeskanzler werden können. Aber diese Werte und auch dieses Wissen muss man erst einmal haben. Es ist eigentlich die Grundvoraussetzung, um Kinder aufzuziehen.

Aber die Realität sieht leider oft ganz anders aus. Schon Zehnjährige sehen sich zu Hause zusammen mit ihren Eltern Pornos an. Mit 14 Jahren sind viele Kinder und Jugendliche schon erfahren im Umgang mit Alkohol. Kinder kiffen zusammen mit ihren Eltern. Man könnte an dieser Stelle noch viele weitere Dinge aufzählen. Keines dieser Kinder wird jemals die Chance bekommen, Teil dieser Gesellschaft zu werden. Im Gegenteil. Es wird von der Gesellschaft ausgeschlossen werden wie so viele Menschen auch heute schon, weil es nur die eine Seite kennengelernt hat.

Der Mutter des früheren Bundeskanzlers Gerhard Schröder hat man wohl andere Charaktereigenschaften mit in die Wiege gelegt, sonst hätte sie ihre Kinder nicht so erziehen können, wie sie es getan hat. In sehr jungen Jahren, zwischen dem zweiten und dem fünften Lebensjahr, werden unsere Kinder entscheidend geprägt. Hier legt man die Saat für einen guten Charakter und eine gesunde Neugier auf das Leben. In diesen Jahren legen Eltern in ihren Kindern die Grundlage für eine schöne, eine zufriedene Zukunft. Viele ARCHE-Kinder haben diese Chance nicht. Wertevermittlung wird heute oft als Fremdwort gesehen. Man holt sich, was man will, und nimmt keinerlei Rücksicht auf andere. Jedes dritte ARCHE-Kind erlebt zu Hause Gewalt – physisch (auch sexuelle Gewalt) oder psychisch. Oft müssen sich die Kids ihr Essen selbst organisieren, weil die Eltern sich nicht darum kümmern. Die Männer der Mütter wechseln so regelmäßig wie die Jahreszeiten. Oft ist die Mutter auch hilflos, sie weiß nicht, wie sie ihre Kinder erziehen soll. Klauen ist bei vielen ein Kavaliersdelikt. Ein Kind, das so aufwächst, wird niemals Gerhard Schröders Beispiel folgen können. Viele dieser Kinder gehen der Gesellschaft leider verloren.

Wie oft höre ich von den sogenannten Besserverdienenden, Hartz IV sei, zusammen mit Kindergeld, ein Einkommen, von dem man gut leben könne. Das ist vollkommener Blödsinn. Fast alle Familien unserer ARCHE-Kinder kämpfen täglich ums Überleben. Sicher müsste keines dieser Kinder verhungern; Kinder suchen fast immer eine Überlebensstrategie und finden sie meist auch. Aber damit sie das gar nicht erst tun müssen, lassen wir diese Kinder in unserer Einrichtung weiter Kinder sein, und darauf bin ich stolz.

Die ARCHE hat natürlich auch viele Kritiker. Was habe ich da schon alles hören müssen! Zum Beispiel:

„Die Kinder gehen in die ARCHE und essen dort, weil es draußen so gut riecht, nicht etwa, weil sie zu Hause kein regelmäßiges Essen bekommen." Dass es gut riecht, finde ich in Ordnung. Das spricht ja für die Mitarbeiter der Küche. Aber es ist ein langer Weg, bis man sich traut, täglich ein kostenloses Essen in Anspruch zu nehmen.

Ein paar Beispiele: Eine Mitarbeiterin aus dem Jugendbereich wurde kürzlich beim Essen gefilmt. Ihre Mutter sah den Beitrag im Fernsehen und war entsetzt, ihre Tochter in der Armenküche zu sehen. Als die ARCHE in Hamburg eröffnete, wurde unsere Einrichtung zwar von Anfang an von vielen Kindern besucht, aber es dauerte sehr lange, bis die Kinder sich trauten, das Angebot in Anspruch zu nehmen, dort auch zu essen. Dabei hatten viele von ihnen vor der Schule meist nicht gefrühstückt. Viele Jugendliche haben mir erzählt, dass sie sogar von Lehrern gemobbt würden, wenn sie in der Schule von ihrer schwierigen häuslichen Situation erzählten. Deshalb biegen sich viele Kinder vor den Mitschülern und Lehrern die Wahrheit zurecht. Sie schaffen sich ihre eigene kleine Welt, in der das „Lügen-Müssen" eine wichtige Rolle spielt. So kommen sie besser durchs Leben, meinen sie. Welche Qualen müssen die Kinder erleiden, wenn sie so handeln!

Immer wieder bin ich positiv überrascht, was für Eindrücke Journalisten mitnehmen, wenn sie einmal die ARCHE besucht haben. Kollegen einer großen privaten Fernseh-Produktionsgesellschaft, die für den Sender RTL 2 in der ARCHE eine Serie drehten, waren so voller Eindrücke, das sagte mir ein Redakteur später, dass auf dem gesamten Rückweg keiner auch nur ein Wort sprach.

Eine Kollegin vom „Spiegel" sah, dass die Kinder sich manchmal eine Umarmung von den Mitarbeitern oder Freunden „abholten“. „Das ist nicht normal“, sagte sie mir. Aber Kinder holen sich nun mal das, was sie zu Hause oft nicht bekommen. Ein Mädchen fragte die Journalistin einige Minuten später: „Hast du mal 30 Cent für ein Eis?“ Als die Kollegin ihr das Geld gab, fiel das Kind ihr um den Hals, küsste sie und sagte: „Ich liebe dich.“ Ich glaube, da hat sie es verstanden.

Diesen Kindern müssen wir helfen – schon in sehr jungen Jahren. Wir haben jetzt sogenannte Kleinkindergruppen für Kinder von null bis drei Jahren gegründet. Was die Eltern nicht können, nicht schaffen, das versuchen wir hier. Die ARCHE versteht sich als Ergänzung zur Familie. Wir müssen die Kinder auffangen. Wir können nicht auf sie verzichten. Wenn wir das tun, verzichten wir auf unsere Zukunft.

Kinderarmut in Deutschland, in einem der reichsten Länder der Welt, ist ein Armutszeugnis für die Politik, ja für uns alle. In einem von Wohlstand geprägten Land arm aufzuwachsen ist psychisch sehr belastend. Vieles von dem, was die sozial benachteiligten Kinder tagtäglich vor Augen haben, bleibt für sie auf immer unerreichbar. Kinder- und Familienpolitik muss bei den schwächsten Familien ansetzen. Dazu gehört die Sicherung eines angemessenen Existenzminimums. Den Kindern wäre demzufolge eine Art Grundsicherung zu gewähren, unabhängig vom Einkommen der Eltern. Politik für die Kinder sollte zentral und ganz oben angesiedelt sein, nicht in unzähligen Städten und Gemeinden. Aber arm zu sein bedeutet überhaupt nicht, arm an Würde zu sein.

Kinder sollten ein Recht auf ein Leben in Würde bekommen, auf Schutz vor Bedrohung und Angst, Armut und Hunger. Kinder sollten ein Recht auf die Zukunft haben. Nur dann sind sie auch Zukunft für uns alle.

Die ARCHE-Botschafter

Interview mit Bettina Cramer

ARCHE-Botschafterin, Journalistin, SAT.1-Moderatorin

Wie haben Sie zum ersten Mal von der ARCHE gehört?
Durch ein Interview mit Bernd Siggelkow. Ich habe im „Sat.1-Frühstücksfernsehen" ein Gespräch mit ihm geführt, und als ich ihn fragte, was sich die Kinder zu Weihnachten wünschen, berichtete er von warmen Jacken, Stiefeln und Arbeitsplätzen für die Eltern. Diese Antworten sind mir nicht mehr aus dem Kopf gegangen. Es hat mir einfach wehgetan, dass in unserem reichen Land Kinder nicht alles haben, was sie brauchen.

Der Schritt vom Hören zum Handeln. War er für Sie groß?
Nein. Der erste Schritt kam durch einen Fototermin für eine große Schokoladenfirma. Mir wurde für die Mitarbeit viel köstliche Schokolade versprochen. Ich habe dann gesagt: „Ich mache die Fotos nur, wenn ihr ein Jahr lang jeden Monat ein großes Schokoladenpaket schickt – aber nicht an mich, sondern an die ARCHE!" Der zweite Schritt war ein Anruf. Ich habe bei der ARCHE durchgeklingelt und gesagt: „Hallo, ich bin Bettina Cramer. Ich habe viel von eurer Arbeit gehört und will helfen!" Wissen Sie, ich werde so oft gefragt,

ob ich nicht für dies oder das Schirmherrin oder Patin werden will. Das habe ich bisher bei sinnvollen Projekten auch gerne getan, aber nach diesem Interview habe ich mich entschieden, der ARCHE meine Hilfe, Zeit und Kontakte anzubieten. Ich bin ein sehr glücklicher, zufriedener Mensch und ich möchte von meinem Glück unbedingt etwas abgeben.

Wie waren denn die ersten Eindrücke für Sie, als Sie plötzlich mitten im Trubel waren?
Bewegend. Jeder Besuch bei den Kindern rüttelt auf, berührt, macht nachdenklich, glücklich, traurig ... Sie glauben gar nicht, mit wie vielen Emotionen man konfrontiert wird. Die Kinder sind sehr direkt, fragen, was sie wissen wollen, erzählen von ihrem Leben, suchen Nähe und Aufmerksamkeit – das wird schnell sehr deutlich. Das ist die eine Seite. Auf der anderen stehen die Menschen, welche ich sehr bewundere: Bernd Siggelkow und seine wunderbare Truppe. Menschen mit Nerven wie Drahtseilen und riesengroßen Herzen, die den ganzen ARCHE-Betrieb wunderbar „wuppen".

Was haben Sie empfunden, als Sie von einigen Kindern ihre Geschichte gehört haben?
Erschütterung, Traurigkeit, Zuneigung. Eine Geschichte, die mich nach wie vor sehr beschäftigt, ist die von Katrin: Katrin ist 15, läuft gern in Jungssachen rum, hat ganz kurze Haare und wunderschöne große braune Augen. Als Katrin nach dem Mittagessen zu einer Zigarette griff, habe ich sie gefragt, warum sie schon raucht. Da erzählte sie mir, dass sie schon seit ihrem sechsten Lebensjahr raucht und es auch mit ärztlicher Hilfe nicht geschafft hat, davon loszukom-

men. Wir haben geredet, ich habe ihr erzählt, wie ich es geschafft habe, mit dem Rauchen aufzuhören, und habe versucht, sie zu überzeugen. Sie ging dann trotzdem mit der Zigarette auf den Hof. Ich muss viel an sie denken.

Passen die Welt, in der Sie arbeiten, und die Welt der Kinder zusammen?
Sie müssen doch gar nicht zusammenpassen. Aber ich kann sie verbinden! Wichtig ist doch, dass viele Menschen etwas tun, um die Kinder, die eine Zeit lang Hilfe brauchen, gut versorgen zu können. Das ist mein Ziel und das kann ich in meiner Branche wunderbar umsetzen. Denn ich merke immer wieder auf sogenannten „Promipartys", wie offen Kollegen, Schauspieler und Unternehmer reagieren, wenn ich ihnen von der ARCHE erzähle. Viele bieten sofort ihre Hilfe an oder spenden spontan, und das freut mich!

In Deutschland leben 2,5 Millionen Kinder in Armut, in Berlin leben 36 Prozent aller Kinder im Alter zwischen null und acht Jahren von Sozialhilfe ...
... und sie können nichts dafür!!! Ihre Eltern haben Probleme, gegen die die Kleinen sich nicht wehren können. Sicherlich müssen wir auch den Erwachsenen helfen, doch oft bekommen die ja Unterstützung vom Staat, die leider oft nicht ausreicht oder nicht so zu den Kindern gelangt wie gedacht. Kinder sind unsere Zukunft, und wir sind alle verpflichtet, ihnen die Chance auf ein gutes Leben zu garantieren. Das machen die ARCHE-Stationen und die ARCHE-Schule. Traurig ist nur, dass es viel mehr ARCHEN geben müsste, da bereits alle überfüllt sind.

Wenn Sie sich etwas für die ARCHE-Kinder wünschen dürften – was wäre das?
Dass sie alle in ihren Familien so viel Liebe, Essen, Kleidung und Spielzeug bekommen, dass alle ARCHEN schließen könnten.

Das Interview führten die Autoren.

Interview mit Falko Götz

ARCHE-Botschafter, Fußball-Bundesligatrainer

Wie kam es zu den ersten Kontakten zwischen Falko Götz und der ARCHE?

Der erste Kontakt kam eigentlich durch einen ganz normalen Fußball. Ich war bei der Familie Cramer zum Essen eingeladen. Dabei haben wir zum ersten Mal über die ARCHE gesprochen. Bettina hatte mich damals gebeten, für eine Tombola der ARCHE einen Ball von Hertha BSC zur Verfügung zu stellen. Es kam dann dazu, dass ich mich weiter interessiert habe. Bernd Siggelkow habe ich dann bei einer ARCHE-Weihnachtsfeier in einem Hotel kennengelernt. Dorthin wurde ich von der ARCHE eingeladen, durfte dabei sein und bin auch so mit vielen der Kinder in Berührung gekommen. Für mich stand dann auch von der ersten Sekunde an fest, dass ich mich weiter für die ARCHE engagieren wollte.

Merkt man, wenn man heute eine Einrichtung wie die ARCHE besucht, Unterschiede? Ist das eine andere Welt?

Absolut! Es gibt sehr, sehr kuriose Situationen und man spürt deutlich die eigene Befangenheit, wenn man hingeht. Man hat eigentlich gar keine Vorstellung, auf was man da trifft. Die Realität ist manchmal schon ganz schön bitter und ernst. Jeder Besuch bei und jeder Kontakt mit der ARCHE war für mich ein sehr nachhaltiges Erlebnis und hinterlässt Erinnerungen, die mich noch tagelang beschäftigen. Und trotzdem habe ich gesagt, ich möchte weiterhin dabeibleiben. Es gibt nichts, was mich davon abhalten könnte, weil die Hilfe, die man da geben kann, viel, viel wichtiger ist als das, was einen selbst betrifft.

Der Staat zieht Gelder zurück und hat ja letztendlich auch nicht mehr viele Gelder für solche Projekte. Ist das Engagement von Unternehmern wichtig, um die Zukunft zu sichern?
Man sieht ja deutlich, dass es unterschiedliche Schichten in der Bevölkerung gibt. Es gibt die, denen es sehr gut geht, es gibt die, denen es gut geht, und es gibt sehr viele, denen es richtig schlecht geht. Diese Schere geht immer weiter auseinander. Deswegen ist es sehr wichtig, dass sich große Firmen, gut verdienende Privatleute und Leute aus der Öffentlichkeit für solche Dinge stark machen. Das ist eine Hilfe und das war auch damals meine Motivation. Ich habe die ARCHE persönlich kennengelernt. Ich weiß, dass dort immer relativ direkt geholfen werden kann. Und deswegen gilt auch mein Engagement der ARCHE, weil ich weiß, da gibt es kurze Wege, man kennt sich untereinander und ich kenne auch die Entscheidungsträger. Ich bin nicht so ein Narzisst, der gern in der Öffentlichkeit ist. Ich habe schon zu viel Öffentlichkeit durch meinen Job. Aber in diesem Fall bin ich sehr gerne bereit, die Öffentlichkeit dafür zu nutzen, Multiplikatoren für die ARCHE zu finden.

In Berlin leben 36 Prozent aller Kinder im Alter zwischen null und acht Jahren von Sozialhilfe. Was ist das für eine Zahl in Ihren Augen?
Das ist eine unglaubliche Zahl. Wenn man die Bilder aus Lateinamerika und Afrika sieht, wo ich auch schon öfter war, dann geht unser Herz auf einmal auf. Wir fangen an, sozial zu denken, Portemonnaies zu öffnen und zu spenden, und merken gar nicht, dass wir die Probleme auch vor der eigenen Haustür haben. Ich glaube, deswegen war es für mich eine unheimlich schöne Geschichte, mit der ARCHE in Kontakt zu kommen. Denn ich bin der Meinung, es ist wichtig, vor der eigenen Haustür zu helfen.

Haben Sie das Gefühl, dass die Sensibilität in Bezug auf das Thema Kinderarmut zugenommen hat?
Ich glaube, dass die Bevölkerung durch Einrichtungen wie die ARCHE sensibilisiert wurde. Und das darf jetzt nicht aufhören. Denn jedem Kind, das gequält wird, und jedem Kind, dem es schlecht geht, muss geholfen werden. Das muss unser Ziel sein. Da dürfen persönliche Eitelkeiten keine Rolle spielen. Wir sollten dafür sorgen, dass es immer wieder thematisiert wird. Wir sollten dranbleiben, uns nicht damit zufriedengeben, dass sicherlich großartige Hilfen auf den Weg gebracht wurden, dass großartige Hilfen schon die ARCHE erreicht haben, aber das ist ein Thema, das nie ein Ende haben wird. Jeder, der da helfen kann, ist wichtig und muss ins Boot genommen werden und muss vor allem auch zur Verantwortung gezogen werden.

Kann es sich ein Land wie Deutschland leisten, auf so viele Kinder zu verzichten? Letztendlich sind ja Talente unter diesen Kindern.

Da liegt doch das Problem. Was reden wir über „uns leisten können“? Wir reden über Realität. Es ist ja schließlich nicht so, als gäbe es andere Möglichkeiten. Es ist Realität in Deutschland, dass wir eine sehr, sehr hohe Kinderarmut haben, dass wir sehr arme Leute haben, die keinen Job, die keine Ausbildung haben. Es ist Realität. Wir müssen uns mit dieser Realität auseinandersetzen. Alles andere sind Hirngespinste. Wenn es keine öffentlichen Gelder gibt, dann müssen wir dafür sorgen, und da sind gerade wir, die wir in der Öffentlichkeit stehen, gefragt, dass Gelder zur Verfügung gestellt werden, dass Gelder organisiert werden, die es ermöglichen, Einrichtungen zu schaffen, die wieder Werte vermitteln. Heutzutage ist es einfach notwendig, dass beide Elternteile arbeiten gehen. Doch wer leidet darunter? Die Kinder! Soziale Probleme entstehen doch genau dadurch, dass ein Familienleben, so wie ich es aus der eigenen Jugend kenne, heute gar nicht mehr entsteht. Die Zeit, die noch mit Kindern verbracht wird, ist einfach zu wenig. Deswegen müssen wir Einrichtungen schaffen, in denen die Kinder sich beschäftigen und in denen sie etwas für das Leben lernen. Ich glaube, dass die ARCHE da genau den richtigen Ansatz hat, denn das Ziel der ARCHE ist es, die Kinder in ein Leben zu führen, das lebenswert ist. Dazu gehört eine vernünftige Ausbildung, wenn es geht, und ein vernünftiger Beruf danach. Das sind doch hehre Ziele für die heutige Zeit.

Das Interview führten die Autoren.